Alain (Émile Chartier)

SPINOZA

© 2024, Émile-Auguste Chartier (domaine public)
Édition : BoD · Books on Demand, 31 avenue Saint-Rémy,
57600 Forbach, bod@bod.fr
Impression : Libri Plureos GmbH, Friedensallee 273,
22763 Hamburg (Allemagne)
ISBN : 978-2-3225-5154-5
Dépôt légal : Décembre 2024

Table des matières

Préface

Alain

5 décembre 1946

Mon intention est de corriger ici ce que j'ai toujours trouvé d'abstrait et de sec dans le petit volume bleu qui parut dans la collection Delaplane, *Les Philosophes*. Je me suis longtemps demandé pourquoi je n'aimais pas ce résumé exact et bien sage. Le ton me semblait en être tout à fait étranger à l'étonnante entreprise de Spinoza. Oui, il me semblait que je trahissais ce grand homme en l'exposant tout au niveau du bon sens. Cela me semblait trop professeur. La philosophie est certes une grande chose ; on peut en faire tout ce qu'on veut, excepté quelque chose de plat. Il en est de même pour la Raison, pour la Sagesse, lesquelles consistent surtout dans un jeu dont il importe de conserver l'efficacité ; car rien ne se perd plus aisément que la vie et la force des idées.

Maintenant, je commence. Il faut partir de Descartes, et mener cette belle doctrine jusqu'à Spinoza. C'est le moyen de ne pas tomber dans la philosophie scolaire et de réveiller l'homme dans le lecteur. Pénétrez-vous donc de l'esprit des *Méditations,* en considérant surtout ce qui a pu effrayer Descartes lui-même, et le renvoyer aux mathématiques, cent fois plus faciles, où le courage est suffisant de même qu'à la guerre. Je vais considérer d'abord la présence de Dieu, si évidente dans les *Méditations.* Concevez Descartes s'enfonçant dans quelque retraite pour y être seul, et s'entretenant avec son propre esprit et retrouvant le monde entier et tout l'Être. Par ceci d'abord que Dieu, ou l'Esprit, est indivisible ; ce qui fait que, si on en découvre une partie en soi-même, nécessairement on doit l'y trouver tout ; de façon que le mouvement de prier, ou de méditer, nous retire des hommes et des choses, et nous met en possession de notre liberté qui est Dieu même. Une telle conclusion que Descartes n'a pas développée devait l'effrayer, comme tout ce qui remet à l'homme un grand pouvoir. Le poste de roi inspire naturellement beaucoup de défiance. En chacun est l'Esprit absolu, le Grand Juge, juge de toutes les valeurs, juge de l'opinion, de la majesté, juge des cérémonies. Un tel pouvoir invite énergiquement l'homme à fonder une religion : « Quoi, se dit-il, encore une ! » Cette réflexion sur soi a donné de l'humeur à Rousseau, et il n'en pouvait être autrement. Je suis persuadé que ce chapitre du Contrat Social, intitulé « Le Droit du plus fort », n'a jamais pu être oublié de Rousseau, et qu'il ne se l'est pas pardonné. C'est tout à fait de même que la morale de Kant, qui rendait inutiles tant de raisonnements métaphysiques, a fait peur aussi à ce grand philosophe, qui a repoussé de lui cette grandeur.

L'œil perçant de Descartes avait aperçu toutes ces difficultés. Aussi, conseillé par Mersenne, ce grand jésuite, a-t-il dû regretter son poste de soldat déjà assez effrayant, et arriver à la Modestie absolue dont j'ai trouvé des exemples dans Lagneau et dans Lachelier.

Nous voilà donc déjà assez avancés dans ce chemin, quand nous avons connu par Descartes que l'Esprit est un. Or, il était arrivé à Spinoza de lire Descartes. Il l'avait mis en propositions mathématiques, sous le titre de Cogitata Metaphysica. Mais lui, Spinoza, n'eut point peur de son Esprit et s'y livra tout, avec la naïveté admirable d'un lecteur de la *Bible*.

Si vous lisez la *Bible*, vous ne vous empêcherez pas de penser que l'unique religion est là, et le seul Dieu, et la vraie politique. J'ai souvent dit et je répète ici que ceux qui ont grandi en familiarité avec la *Bible* ont une immense avance sur leurs contemporains ils savent adorer et ils savent mépriser ; d'où leur est venue cette persécution continue qui, en les séparant des hommes, les a obligés à former l'Humanité. D'où une haine qui dure encore, et qui ne peut cesser que par le développement de l'immense idée hébraïque, qui ne peut rester, qui évidemment appelle une suite, et une infinité de Messies. Mais que de périls encore dans cette gloire ! Spinoza a accepté ce rôle d'impie et de méprisé, parce qu'il a mis en balance avec les plaisirs de l'amitié, les plaisirs de l'amour de Dieu, et qu'il a pris le parti du bonheur, comme on voit dans la cinquième partie de *L'Éthique.*

Si vous avez lu la *Bible,* vous savez que là est le vrai Dieu et la seule religion qu'on ait connue ; aussi méprise-t-elle toutes les autres ; de là ces haines, comme j'ai dit; et cet effrayant isolement qui vient de ne vouloir rien, de n'estimer rien, sinon la Pensée, par laquelle nous pouvons nous tenir en communication avec Dieu. Aussi les pierres lancées contre Spinoza retombent sur nous. Tel est le monastère moderne. On aperçoit les raisons d'être spinoziste ; car cela aussi est défendu. Le mouvement de se mêler au peuple est le mouvement même de tout Esprit. Mais le mouvement de se retirer en soi, de se refuser, est encore plus fort. Telle est la situation d'un esprit moderne devant la Politique, détestée et inévitable.

En lisant, de Spinoza, *Le Traité Politique du Droit naturel,* ainsi que le *Traité Théologico-Politique,* sans doute y trouverez-vous toutes les conditions de la République, et sans doute vous me pardonnerez d'avoir considéré Spinoza comme le pur radical. Il est étonnant que le pur jacobin aussi bien que le pur moine soient le même personnage que Spinoza, tant de lois et si vainement maudit. On aperçoit quel usage on peut faire de Spinoza.

On s'étonnera sans doute de la puissance de ce résumé bien sage, qui forme le corps du présent petit ouvrage. Oui, mais l'âme ? On trouve plus d'âme dans les persécuteurs, dans les guerriers, dans tous les Glorieux de l'Histoire, que dans le Juif studieux qui pourtant sera amené à porter dans les rues l'écriteau que Spinoza portait pour dénoncer tous les tyrans.

La question se trouve ainsi clairement posée. Car *il faut* préférer la justice et venger l'innocent. Je ne vois pas sans surprise la masse imposante des prêtres et des fidèles, enfin de toute l'Église, faire si souvent le contraire et confirmer l'esclavage universel. J'ai dit quelquefois que la philosophie était bien dangereuse. Aussi nul homme ne fut plus réfuté que Spinoza. Nul système ne fut plus maudit que ce détestable *panthéisme.* Il reste à savoir ce que c'est. Parce que Dieu est un et indivisible, Dieu est partout présent; comme au reste on l'enseigne. Mais malheur à qui l'enseigne. Et le jésuite éternel nous rappelle qu'il ne faut pas le dire. Quand vous aurez assez considéré toutes ces contradictions, qui font la guerre parmi nous, alors vous copierez *L'Éthique* d'un bout à l'autre, car c'est par là qu'il faut commencer si l'on veut éprouver cette beauté *biblique,* type de toute grandeur.

Après cela, les très sages *Propositions* et les très prudents *Scholies* de *L'Éthique* vous sembleront de grands et beaux versets de la nouvelle religion. Et dites-vous bien que la Grande Réconciliation se fera ainsi, et non autrement ; par le culte de l'Humanité retrouvée et par ce qu'il faut appeler *le joyeux fanatisme de la Raison.* Songez au nombre des humains qui sont indignés en voyant que c'est la *déraison* qui règne. Car, enfin, *il faut* s'y opposer. On n'a pas le droit d'abandonner la Raison et la Justice. Ces abandons ont mérité *ce que nous voyons présentement.*

Donc, à chaque fois que vous revenez à Spinoza avec tout votre courage perdu et que vous n'y voyez plus rien, cachez-vous, à la manière de Descartes, dans ce vaste monde et interrogez l'esprit un et indivisible. Alors, inévitablement, l'esprit vous reviendra, et les formules spinozistes retrouveront leur sens, soit que vous vous jetiez dans la Politique ou bien dans la Morale, ou bien dans le plaisir. Alors vous vous retrouverez dans la *Bible,* en face de Jéhovah et d'une sagesse aussi vieille que le monde.

Tel est donc le sens du Spinozisme, sens bien positif et bien aisé à saisir, pourvu qu'on soit persuadé que l'on est en présence de l'*Esprit universel.* Cette persuasion vous rendra la pensée supportable, et soudain vous vous reconnaîtrez homme, toujours à la lumière de l'axiome : *Homo homini deus,* qui est la clef de la future République et de l'égalité 48. Je dis égalité, parce qu'il ne se peut pas que l'homme n'ait pas de passions et parce que toute affection cesse d'être une passion dès qu'on en forme une idée adéquate. Là est le secret de la Paix, qui dans tous les cas est la Paix de l'âme, vérité très méconnue. Par ce moyen vous formerez le parti Spinoza, que vous vous garderez d'appeler le parti juif, mais qui n'en sera pas moins ce parti-là. Alors, sans combat, le nazisme, le fascisme et toute sorte de despotisme seront vaincus, et la méchanceté exactement impuissante, comme elle est (car elle n'est rien). Tel est l'avenir prochain, que renferme ce petit livre.

Alain.

Le 5 décembre 1946.

La vie et les œuvres de Spinoza

Baruch Spinoza naquit le 24 novembre 1632. Il appartenait à une famille de Juifs portugais. Ses parents voulurent faire de lui un rabbin; aussi fit-il de fortes études ; il apprit l'hébreu et le latin ; en même temps il étudia la géométrie et la physique. La lecture des œuvres de Descartes l'amena à la philosophie.

Sa vie fut celle d'un sage. Il voulut, afin de penser librement, vivre du travail de ses mains, et passa une partie de son temps à polir des lentilles pour les instruments d'optique. L'Électeur palatin lui fit offrir une chaire de philosophie à l'Université de Heidelberg. Il répondit en ces termes : « Je me dis, d'abord, que je devrai renoncer à faire avancer la philosophie, si je veux m'occuper d'instruire la jeunesse. Je me dis, ensuite, que je ne sais pas quelles limites je devrai apporter à cette liberté de la pensée dont vous me parlez, si je ne veux pas paraître inquiéter la Religion établie ; car les schismes ne viennent pas tant d'un ardent amour pour la Religion que des diverses passions qui agitent les hommes et de leur goût pour la contradiction, qui leur font d'ordinaire déformer et tourner à mal les choses les plus nettement dites. Et, comme je l'ai déjà éprouvé, alors que je vis seul et à l'écart, j'aurais bien plus à le redouter si je m'élevais jusqu'à la dignité que vous m'offrez. » Il est probable qu'il refusa aussi, et sans doute pour des raisons du même ordre, une pension que Condé voulait lui faire donner par Louis XIV. On voit que sa vie retirée n'avait pas empêché sa réputation de s'étendre fort loin. Leibniz, revenant d'Angleterre, lui fit visite. Un des frères de Witt s'honora d'être son élève et son ami.

Nous savons, par ses biographes, qu'il était simple et bon, qu'il vivait de fort peu de chose, et que, malgré sa mauvaise santé, il était heureux. Nous savons aussi, notamment par son Traité *théologico-politique,* qu'il était profondément attaché à la République hollandaise, et qu'il mettait la liberté de conscience et la liberté politique au nombre des biens les plus précieux.

Comme il cherchait les principes de la véritable Religion, et qu'il prétendait remplacer la révélation par les lumières naturelles de la raison, il fut accusé d'athéisme. Le moyen de supporter un homme qui écrivait, en parlant des Turcs et des Gentils : « S'ils offrent en prière à Dieu le culte de la justice et l'amour de leur prochain, je crois qu'ils ont en eux l'esprit du Christ, et qu'ils sont sauvés, quoi qu'ils puissent croire de Mahomet et des oracles » ! À ces accusations il répondait simplement ceci : « Si l'on me connaissait, on ne croirait pas si facilement que j'enseigne l'athéisme. Car les athées ont coutume de rechercher par-dessus tout les honneurs et l'argent, choses que je méprise, comme tous ceux qui me connaissent le savent. » On voit qu'il donnait lui-même, comme une preuve de sa Religion, une vie simple et frugale, détachée de tout ce qui n'était pas la Vérité. Et il faut avouer que, sans cette preuve-là, les autres ne valent rien. Comment croire qu'un homme connaît, comprend et aime Dieu lorsqu'il poursuit encore les honneurs et l'argent ? Nul ne peut servir deux maîtres.

Il mourut à quarante-cinq ans, le 23 février 1677, d'une maladie de poitrine qu'il avait supportée pendant de longues années avec égalité d'âme. Il avait publié les *Principes de la Philosophie cartésienne* suivis de *Pensées métaphysiques,* et un *Traité théologico-politique,* dans lequel il s'efforçait d'interpréter la Bible selon les lumières de la Raison. On devine aisément qu'il eut à regretter de s'être ainsi exposé à des critiques violentes et injustes; aussi ne donna-t-il au public aucun autre ouvrage. L'année même de sa mort, deux de ses amis firent paraître les ouvrages qu'il laissait. Ce sont un *Traité politique* inachevé, véritable manuel de politique rationnelle, où sont développés les principes posés dans le *Traité théologico-politique.* Il y est traité de la monarchie et de l'aristocratie; les conditions d'existence de ces deux formes de gouvernement sont analysées avec une précision et un souci du détail qui révèlent une profonde connaissance des hommes. Le chapitre XII et dernier n'est que l'introduction d'une étude sur la démocratie. Un autre traité, inachevé aussi, a pour titre : *De la Réforme de l'intellect.* C'est là, semble-t-il, qu'il faut chercher la clef du système tout entier : c'est comme une préface de l'*Éthique*, et il n'existe sans doute pas au monde un autre modèle aussi parfait de l'analyse philosophique. Le lecteur pourra s'en faire quelque idée en lisant notre premier chapitre. Enfin l'*Éthique* elle-même, l'œuvre maîtresse dont tout le monde connaît la forme géométrique. L'*Éthique* est divisée en cinq parties qui portent les titres suivants : de Dieu, de l'âme, des passions, de l'esclavage humain, de la liberté humaine. Les deux premières correspondent à peu près à notre deuxième chapitre la troisième, à notre chapitre troisième la quatrième, à nos chapitres quatrième et cinquième, et la cinquième à notre chapitre sixième. *Un Traité de Dieu et de l'homme*, qui est comme une ébauche de l'Éthique, a été traduit du hollandais et publié en 1862 par Van Vloten.

Un certain nombre de *Lettres* sont pour nous un précieux commentaire de l'*Éthique*. Les plus intéressantes sont la célèbre lettre XXIX, sur l'Infini ; la lettre XLII, sur la Distinction de l'essence et de l'existence ; la lettre XLV, sur la Démonstration de l'existence de Dieu ; la lettre XLIX sur Dieu, les destins et le salut, et la lettre LXXIV, contre la Religion catholique. Citons pour mémoire un *Abrégé de la Grammaire hébraïque.* Tous ces ouvrages, à l'exception du *Traité de Dieu et de l'homme,* sont écrits en latin.

Venons sans plus tarder à l'exposé de la philosophie de Spinoza. Il y a, pour tout système, un point de vue duquel on le saisit comme vrai et comme complet. Nous allons essayer de faire apercevoir au lecteur en quel sens Spinoza a raison. Pour ce qui est de montrer en quel sens il a tort, nous le laissons à de plus habiles, et il n'en manquera point. Faisant donc grâce au lecteur des « Spinoza dit... » et des « selon Spinoza... », nous prenons la parole à sa place pour le citer souvent et le paraphraser toujours.

La philosophie de Spinoza

INTRODUCTION

Les hommes sont pour la plupart méchants et malheureux. Ils sont méchants parce qu'ils mettent leur bonheur dans la possession d'objets qui ne peuvent être à la fois à plusieurs, comme les honneurs et l'argent, et qu'ainsi le bonheur d'autrui les rend malheureux, et qu'ils ne peuvent, en revanche, être heureux que si leurs semblables souffrent. De là naissent l'envie, la haine, le mépris ; de là naissent les injures, les calomnies, les violences et les guerres.

Ils sont de plus en plus malheureux parce qu'ils s'attachent à des objets dont ils ne sont point les maîtres, à des choses périssables qui ne font qu'apparaître dans l'existence, et que le cours ordinaire des événements suffit à leur enlever ; cela sans parler de la maladie, de la vieillesse et de la mort, auxquelles ils ne peuvent échapper, et auxquelles ils ne peuvent s'empêcher de penser ; de telle sorte qu'ils ne sont jamais sûrs de tenir un moment de plus leur bonheur, et qu'ils sont sûrs de le perdre un jour. C'est pourquoi toute leur existence, partagée entre la haine et la crainte, est entièrement remplie de tristesse, et s'achève enfin dans le désespoir.

Aussi comprennent-ils tous confusément que le vrai bonheur ne dépend point des choses qui périssent, et qu'il leur faut s'ils veulent être sauvés de la misère, de la terreur et de la mort, s'attacher à autre chose, à quelque chose qui ne passe point, à quelque chose qui demeure. C'est pourquoi nous retrouvons toujours dans la bouche des hommes cette parole profonde : « Il faut aimer Dieu. » Et de là sont nées toutes les Religions, toutes veulent faire participer l'homme à l'éternel, à la vie éternelle.

Seulement, il est facile de voir que les Religions ne sont presque toujours pour l'homme qu'une source nouvelle de crainte et de tristesse. Car ceux qui ont l'habitude de conduire les hommes par la crainte et l'espérance n'ont pas perdu cette occasion de leur représenter que Dieu est un être méchant et redoutable, qui est jaloux de leurs pauvres joies et qui se réjouit de leurs larmes. Et ainsi les hommes, au lieu d'un libérateur, ont trouvé leur maître ; et la fausse Religion les fait deux fois esclaves, esclaves des apparences et esclaves de l'être, esclaves quand ils désirent et esclaves quand ils renoncent.

Le remède est dans cette lumière naturelle que nous appelons Raison, et qui est en chacun de nous. Les hommes cherchent Dieu dans les livres sacrés et dans les paroles des prophètes; ils ne voient pas qu'il n'y a dans des livres et dans des discours que des lettres et des sons, que c'est par leur raison seule qu'ils donnent un sens à tout cela, et qu'en un mot ils ne peuvent trouver Dieu dans les livres que parce qu'ils l'ont déjà en eux. La révélation par les livres suppose donc la révélation intérieure, et n'est rien sans elle. Et, puisqu'il y a une révélation intérieure, nous n'avons besoin de rien autre chose, pour atteindre la vraie Religion et le vrai bonheur, que de nous servir comme il faut de notre Raison. Comme dit l'apôtre : « C'est par ce que Dieu nous a donné de son esprit que nous savons que nous sommes en lui et qu'il est en nous. » C'est donc en cherchant l'esprit de Dieu en nous que nous serons sauvés. C'est par la philosophie que nous serons sauvés. La philosophie est la vérité de toute religion.

I

LA MÉTHODE RÉFLEXIVE

Nous voulons apprendre à bien user de notre Raison; nous voulons apprendre à former des idées vraies. Qu'est-ce qu'une idée vraie? La première réponse qui nous vient, c'est qu'une idée vraie ou adéquate est l'idée qui convient à son objet, ou, si l'on veut, qui est conforme à son objet. L'idée vraie de tel cheval, ce serait une idée qui coïnciderait parfaitement, si l'on peut ainsi dire, avec le cheval réel qu'elle représente. Et, comme l'idée est distincte de l'objet, puisque Pierre, Paul ou Jacques peuvent former chacun une idée d'un même objet, la vérité d'une idée serait un caractère extrinsèque de l'idée, un rapport entre l'idée et autre chose que l'idée. Une idée ne pourrait donc être connue et reconnue comme vraie que si on la compare avec son objet. Or on comprend aisément qu'une telle comparaison est impossible, puisque, par exemple, ce que j'appelle le cheval réel, c'est justement l'idée que j'ai de ce cheval, et rien de plus, et qu'ainsi je ne puis comparer une idée d'un objet qu'à une autre idée du même objet.

En admettant donc que l'idée vraie seule soit conforme à l'objet, nous sommes obligés d'accorder pourtant que ce n'est pas d'après cette conformité avec l'objet que nous pourrons reconnaître l'idée vraie. Et il faudra, ou bien que nous n'ayons aucun moyen de savoir si une idée est vraie, ou bien que l'idée vraie se distingue encore de l'idée fausse par quelque caractère intrinsèque. Or il en est bien ainsi, et nous voyons qu'une idée n'attend pas, pour être vraie, que l'objet qu'elle représente existe dans le monde. Si un artisan conçoit une machine ingénieuse, et dont toutes les parties soient disposées convenablement pour l'usage qu'il en veut faire, sa pensée est vraie, quoiqu'une telle machine n'existe pas au moment où il la conçoit, quoiqu'elle n'ait jamais existé dans le passé, et quoiqu'elle ne doive peut-être jamais exister dans l'avenir. Or, si la vérité d'une idée dépendait pour nous de son rapport avec un objet réel, nous ne pourrions pas dire que l'idée de cet artisan est vraie.

Mais il y a bien plus. Une idée peut n'être pas vraie, alors même qu'elle est conçue comme conforme à un objet réel. Si quelqu'un dit, sans avoir de raisons de le dire, et tout à fait au hasard : « Pierre existe », et s'il se trouve qu'à ce moment-là Pierre existe, il y a assurément accord entre l'idée de cet homme et l'objet, c'est-à-dire le fait de l'existence de Pierre ; mais, malgré cet accord, nous dirons fort bien que son idée est fausse ou, si vous aimez mieux, n'est pas vraie ; car cette affirmation « Pierre existe » n'est vraie que pour celui qui sait certainement que Pierre existe. De même, ainsi que disaient les Stoïciens, le fou qui dit en plein jour : « Il fait jour », n'a pas pour cela une idée vraie ; l'accord fortuit entre son affirmation et l'objet ne suffit pas pour faire de cette affirmation une vérité.

Pour savoir si une idée est vraie, il n'est donc pas nécessaire de regarder autre chose qu'elle. Il y a certainement dans les idées quelque chose de réel par quoi les idées vraies se distinguent des fausses. Il y a certainement une manière de penser qui, par elle-même, est vraie. Ce n'est pas de l'objet qu'il faut rapprocher l'idée pour savoir si l'idée est vraie, c'est d'un type de l'idée vraie, d'une manière vraie de penser. D'où l'on voit que la vérité d'une idée est dans la façon dont cette idée est idée, et, comme on dit, dans sa forme, et qu'elle dépend uniquement de la nature et de la puissance de l'intellect.

Cette conclusion est assez importante pour que nous l'examinions de près. C'est pourquoi il importe que nous fassions une revue de toutes les manières de connaître, en allant des moins certaines aux plus certaines, afin de voir si leur perfection dépend d'un caractère intrinsèque de l'idée, ou bien dépend d'autre chose.

Nous connaissons une chose quelconque, ou bien par ouï-dire, ou bien par expérience, ou bien par déduction. Je sais par ouï-dire la date de ma naissance et le nom de mes parents ; il faut bien que je sache ces choses par ouï-dire, car je n'en puis avoir aucune expérience. C'est encore par ouï-dire que nous connaissons toute l'histoire, une grande partie de la géographie et même une assez grande partie des sciences de la nature ; car il arrive rarement que nous songions seulement à recommencer nous-mêmes les expériences que d'autres ont faites. Ce qu'il y a de remarquable, c'est que nous considérons ces connaissances comme vraies; en quoi il est évident que nous nous trompons. Sans doute, en général, nous ne doutons pas de la valeur de ces connaissances, mais il ne faut pas dire pour cela que nous en sommes certains. Je ne doute pas de l'existence de l'Angleterre, mais je n'en suis pourtant pas certain comme je suis certain que la somme des angles d'un triangle est égale à deux angles droits.

La deuxième manière de connaître, c'est l'expérience, c'est-à-dire la constatation des événements qui se présentent à nous. Cette manière de connaître dépend de ce que nous appelons le hasard, c'est-à-dire d'un concours de causes innombrables que nous ne pouvons pas connaître : il se trouve que j'ai vu cet homme tomber du toit, ou ce navire se briser sur les rochers. Or il nous semble que la connaissance vraie ne peut pas ainsi nous venir d'une heureuse rencontre, et que la différence entre le sage et l'ignorant n'est point dans les événements remarquables que l'un d'eux a rencontrés sur son chemin.

Mais, de plus, il est facile de montrer que cette connaissance par expérience ne peut jamais être vraie au sens où une proposition de géométrie est vraie. Toute la puissance de l'expérience se réduit à la constatation d'un fait. Or nos sens peuvent nous tromper; nous pouvons être endormis et rêver, alors que nous croyons que nous sommes bien éveillés et que nous percevons ; nous pouvons encore rêver tout éveillés, comme nous savons qu'il arrive à quelques-uns ; et, de plus, comme l'événement passe et ne revient plus, nous sommes obligés de nous fier, au sujet de l'événement, à notre mémoire. Or qui peut se fier à sa mémoire sans risquer de se tromper ? La connaissance par expérience est donc toujours, et par sa nature même, incertaine.

Enfin il faut bien remarquer que l'existence d'une chose, qui est proprement ce que l'expérience nous fait connaître, est bien distincte de la nature de cette chose. Ce qui fait qu'une chose existe à un moment déterminé, dans un certain lieu, et qu'elle dure seulement pendant un certain temps, ce n'est pas la nature de cette chose, mais le nombre infini des circonstances qui l'accompagnent. Par exemple, un homme n'existe pas parce qu'il est construit de telle façon et qu'il est capable de telles actions, mais bien parce que certaines circonstances le soutiennent et le conservent. Ce qui le montre bien, c'est que je puis concevoir très clairement un homme sans que pour cela l'homme que je conçois existe ; et pourtant il existerait alors, si c'était sa nature, ou, si l'on veut, son essence, qui le faisait exister. De même on ne peut pas dire qu'un homme meurt parce que sa structure et ses fonctions cessent d'être telles ou telles ; car la structure et les fonctions de cet homme, tout ce qui fait qu'il est lui, tout cela constituera encore sa nature quand il sera mort ; ce qui est vrai de cet homme ne peut devenir faux de lui, ni cesser d'appartenir à son essence ; par suite, les raisons qui font qu'il cesse d'être ne peuvent pas venir de sa nature, mais seulement d'autre chose : il faut dire qu'il meurt parce que certaines circonstances l'excluent, le chassent de l'existence. En d'autres termes, de la définition ou essence d'un être on ne peut pas conclure qu'il existera à un certain moment ou qu'il cessera d'exister à un certain moment. À supposer que l'on connaisse très bien la nature d'un homme, cela n'expliquera pas du tout pourquoi il est né à tel moment et pourquoi il meurt à tel moment. Il n'y a aucun rapport entre l'accord de la structure et des fonctions dans un homme et le fait qu'il reçoit une pierre sur la tête, ou que la pierre tombe à côté de lui. Les événements qui appellent un être à l'existence ou qui le chassent de l'existence n'entrent pas dans sa définition ils sont extrinsèques par rapport à lui ils dépendent de l'ensemble de toutes les autres choses, c'est-à-dire de l'état de l'Univers tout entier à chaque moment.

Par suite, étudier l'existence et les conditions de l'existence plus ou moins prolongée d'un être, ce n'est pas l'étudier lui-même, c'est étudier autre chose que lui ; ce n'est pas étudier ce qui est encore vrai de lui quand il est détruit ou quand il est mort, par exemple que l'homme est sociable parce qu'il est raisonnable ; ce n'est pas étudier ce qu'il y a en lui d'éternel, son essence ; c'est s'occuper seulement de ce qui lui arrive, et dont sa nature ne rend point compte, c'est s'occuper de l'accident. En d'autres termes, le moment où un être apparaît dans l'existence, et le temps qu'il y passe, ne font point partie de l'idée vraie de cet être. L'expérience et la vérité ne sont donc point du même ordre.

À cela s'ajoute que la connaissance expérimentale, qui n'a d'autre raison que son utilité pratique, se perd, justement à cause de cela, dans l'abstrait et le général, et, à vrai dire, dans les mots. Pour être utile, il faut qu'elle permette l'application, à un autre cas semblable, de ce qui a été constaté. Je sais, par expérience, que je mourrai, parce que j'ai vu des êtres qui me ressemblent mourir ; il n'y a pourtant rien de vrai dans la formule générale que j'en tire ; car il y a autant de manières d'exister qu'il y a d'hommes, et autant de façons de mourir qu'il y a d'hommes ; et, ce qui existe, c'est tel homme déterminé et telle mort déterminée ; et voilà justement ce qui échappe à l'expérience. Il importe que le lecteur arrête son esprit là-dessus, car nous avons l'habitude de confondre les connaissances les plus précises avec les idées les plus abstraites et les plus générales ; et cela vient de ce que les idées abstraites sont utiles, et nous mettent en garde contre les dangers ; mais elles ne représentent aucun être ni aucune vérité. Ce qui existe dans la nature, ce sont des choses particulières, ayant chacune leur nature propre. Tous les charbons ardents peuvent nous brûler si nous les touchons, voilà assurément une affirmation utile ; mais elle est néanmoins tout à fait grossière et confuse, car chaque parcelle de charbon a sa manière d'être charbon et de nous brûler.

Venons maintenant à la déduction et considérons-la de fort près, car c'est là que nous trouverons une vérité, et une vérité indépendante des hasards qui amènent les objets à l'existence. Mais, pour bien comprendre la nature et la vraie puissance de la déduction, il faut oublier pour un moment les mots et les enchaînements de mots qui l'exposent, et considérer l'acte même par lequel nous construisons, au moyen d'une essence, une autre essence. Pour former le concept de sphère, j'invente telle cause qui me convient ; par exemple, je fais tourner un demi-cercle autour de son diamètre, et la sphère naît. Assurément une telle idée de la sphère est vraie. Pourtant nous savons bien que, dans la nature, aucune sphère n'a été formée ainsi ; et nous savons bien aussi qu'aucune sphère, dans la nature, n'est entièrement conforme à cette idée de la sphère que nous venons de former. Mais il y a bien plus. Pour former une sphère, j'affirme qu'un demi-cercle tourne ; cette affirmation est-elle vraie ou fausse ? Pour répondre à cette question, il ne s'agit pas de chercher s'il existe quelque demi-cercle dans la nature, et si ce demi-cercle tourne, a tourné, ou va tourner, car nous savons bien que ni l'un ni l'autre de ces faits ne sera jamais constaté ; il s'agit seulement de considérer comment nos idées sont liées, c'est-à-dire, en somme, de les rapporter à une manière de penser qui soit par elle-même vraie, d'y apercevoir une manière de penser vraie. Et l'on voit clairement que cette affirmation, le demi-cercle tourne, serait fausse si on considérait le demi-cercle seul, parce qu'il n'y a rien, dans l'idée du demi-cercle, dont on puisse déduire que le demi-cercle tourne. Mais cette affirmation est pourtant vraie si elle est jointe à l'idée d'une sphère.

On voit d'après cela que la considération d'un objet existant ou non existant, d'un fait constaté ou non constaté, est ici tout à fait absente, et que la vérité ou l'erreur ne résultent que d'un certain rapport entre les idées, c'est-à-dire d'une déduction plus ou moins correcte. Il n'est pas vrai que le demi-cercle tourne, mais il est vrai que le demi-cercle, en tournant, engendre une sphère.

Ce qui vient d'être dit ne s'applique pas seulement aux figures géométriques, mais aussi aux êtres qui existent dans la nature. Ce qui fait la différence entre une fiction et une idée vraie, c'est encore une déduction plus ou moins correcte.

Je dis, par exemple, que des arbres parlent, et je sais bien que c'est là une fiction, c'est-à-dire une idée fausse. Comment le sais-je ? Ce n'est assurément pas parce que je sais qu'en fait jamais des arbres n'ont parlé ni ne parleront, car mon expérience ne peut aller jusqu'à me faire connaître tout le passé et tout l'avenir. C'est donc parce que je n'arrive jamais à me représenter que des arbres parlent, et que je me borne à le dire. Je ne puis me représenter réellement qu'un arbre parle ; je me contente de penser en même temps à un arbre et à une parole, et je dis que c'est l'arbre qui parle : je le dis, mais je ne le vois pas, je n'en ai aucune idée. De même si je dis qu'un homme est changé instantanément en un rocher, je ne me représente pas du tout un tel changement ; mais je pense successivement à un homme et à un rocher, et je dis que ce rocher était tout à l'heure cet homme ; je le dis, mais je n'en ai nullement l'idée.

Toutes ces fictions, à vrai dire, ne consistent que dans des mots. La représentation de tel changement déterminé ou de telle action déterminée manque, et cette représentation est la déduction véritable. Ce qui est vrai, c'est que le demi-cercle, en tournant autour de son diamètre, engendre une sphère. De même, pour celui qui se représente distinctement les parties d'un homme, il est vrai que l'homme se nourrit, marche, parle, se souvient ; et cela serait encore vrai, à supposer que, dans ce moment-là, aucun homme ne se nourrisse, ne parle et ne se souvienne de la façon que l'on se représente. Au contraire, pour celui qui ne conçoit l'homme que tout à fait en gros, c'est-à-dire abstraitement et en général, il n'est pas vrai que cet homme-là marche, parle et se souvienne, pas plus qu'il n'est vrai que la statue de Galatée s'anime et que les arbres parlent ; et pourtant, il existe des hommes qui parlent, marchent et se souviennent. Connaître l'événement et ignorer l'essence, c'est ne connaître rien de vrai, c'est réellement rêver tout éveillé.

Ainsi, la vérité d'une idée résulte de la manière dont elle est pensée, c'est-à-dire d'un certain usage que l'on fait de l'intellect, d'une certaine méthode que l'on suit. Et cette méthode semble être la déduction correcte, c'est-à-dire la représentation précise des causes et des propriétés de ce qui est affirmé. Avoir une idée vraie de l'ellipse, c'est se représenter un plan coupant un cône sous un certain angle, ou encore un crayon, une ficelle tendue, deux piquets fixes, et le mouvement du crayon. Avoir une idée vraie du cercle, c'est se représenter qu'une droite de longueur fixe tourne autour d'une de ses extrémités. Avoir une idée vraie de la parole, c'est se représenter que des organes de l'homme, disposés d'une certaine façon, impriment tels mouvements à l'air. Avoir une idée vraie de la mémoire, c'est se représenter comment les organes de l'homme, par leur structure, leur consistance et leurs mouvements, rendent la mémoire possible. Avoir une idée vraie de la monarchie, c'est se représenter comment telles coutumes, telles institutions, telles idées conçues par tels hommes et telles actions faites par tels hommes rendent durable le pouvoir d'un seul. On n'aperçoit pas le moyen, pour l'homme, de s'avancer avec certitude dans l'étude de choses un peu compliquées, autrement que fait le géomètre dans l'étude des figures et des solides ; et il importera que la science de Dieu, de l'homme et du bonheur ressemble autant que possible, par l'ordre, la rigueur et la clarté de ses démonstrations, à un traité de géométrie.

Nous savons donc dès maintenant que, puisque nous voulons étudier l'Homme, la Nature et Dieu dans leur vérité, nous devons renoncer à la connaissance des choses changeantes et périssables dont nous constatons l'existence. Il n'y a point de vérité de l'existence pour l'intellect humain, car l'existence de chaque chose dépend d'une foule de causes et de circonstances, et celles-là d'autres et ainsi indéfiniment. L'ordre de l'existence est, du reste, inutile à connaître, puisqu'il ne nous renseigne point sur l'essence, c'est-à-dire sur la nature des choses qui existent. La connaissance du cercle ne peut être tirée des vicissitudes qu'un cercle de fer ou de bois peut subir dans la nature. De même, quand nous savons que Pierre a vécu tant d'années et est mort tel jour, nous ne savons encore rien de la nature de Pierre. Il n'y a de vérité que de l'essence, et l'essence doit être cherchée dans les choses éternelles et fixes comme sont la sphère et le cercle. Et, comme nous comprenons la nature et les propriétés du cercle, de la même manière nous devons chercher à comprendre toutes les choses particulières, en négligeant leur existence et leur durée pour ne nous occuper que de leur nature telle qu'elle était avant leur naissance et telle qu'elle sera encore après leur mort. Ces choses éternelles, par lesquelles nous pouvons concevoir et comprendre les choses périssables, sont les véritables idées générales. Les vraies idées sont les essences, c'est-à-dire des êtres déterminés ayant une forme, et dont nous nous représentons clairement la nature et les actes. Par exemple, je me représente clairement un certain cercle, engendré par une certaine droite, ayant tous ses rayons égaux et une foule d'autres propriétés, et les ayant non à tel moment, mais toujours, ou, mieux, hors du temps. De même je me représente un certain homme, construit de telle façon, et capable de se mouvoir, de parler, de se souvenir, et cela non pas à tel moment, mais hors du temps, dans l'éternité.

Toutefois, cela ne veut point dire que la déduction se suffise à elle-même. La déduction suppose, non pas au-dessus d'elle ou à côté d'elle, mais en elle, un autre genre de connaissance sans lequel la déduction ne serait pas. Ce qui fait la vérité d'une déduction correcte, c'est que chaque chose est connue comme engendrée par une autre, et celle-là par une autre. Mais enfin, il faut bien que quelque chose soit vrai par soi, et non vrai comme engendré par autre chose. Il faudra toujours à la déduction quelque principe simple et évident. Si la cause prochaine de ce que l'on se représente n'est pas vraie en elle-même et n'est vraie que par une autre idée, il faut bien que cette autre idée soit vraie maintenant, sans quoi notre vérité dépendrait de quelque chose de douteux, c'est-à-dire ne serait pas une vérité. Dans l'idée de la vérité d'une déduction, nous trouvons donc enfermée, comme sa condition nécessaire, l'idée de quelque vérité qui soit connue autrement que par déduction. Et il n'est pas possible ici de remonter de cause en cause indéfiniment. Car il ne s'agit pas de donner la cause d'un fait, mais de donner la cause d'une essence éternelle. Nous sommes hors du temps, et rien ne précède réellement rien : si quelque chose est vrai, tout doit être vrai éternellement. Il faut donc bien, pour qu'une déduction soit vraie, que quelque première vérité soit vraie autrement que par déduction.

Mais cette autre manière de connaître n'est pas seulement à l'origine de la déduction, elle est partout dans la déduction même. Car la déduction, loin de justifier les idées, est, au contraire, justifiée par elles. Faire tourner un demi-cercle autour de son diamètre, et ainsi engendrer une sphère, voilà une déduction correcte. Pourquoi ? Parce qu'une sphère est engendrée. Jamais vous ne tirerez de l'idée du demi-cercle qu'il doit tourner et engendrer la sphère. De même nous n'aurons pas le demi-cercle tant que nous n'aurons pas le cercle. Nous n'aurons pas le cercle tant que nous n'aurons pas fait tourner une ligne droite autour de ses extrémités. Or jamais, dans l'idée de la ligne droite, nous ne trouverons de quoi la faire tourner. Nous ne déduisons une idée d'une autre que si nous avons d'abord une idée et l'autre. Il faut donc bien qu'à chaque moment de la déduction ce qui est déduit soit connu immédiatement et intuitivement comme vrai. Il y a donc une connaissance intuitive et immédiate de chaque essence déterminée.

Soit proposé le problème : trouver une quatrième quantité qui forme avec trois autres une proportion. Les marchands savent résoudre ce problème ou bien par ouï-dire, et parce que leur mémoire a conservé fidèlement les opérations qu'il faut faire, ou bien par l'expérience qu'ils ont souvent faite eux-mêmes sur des nombres simples. Et nous appellerons ces deux manières de connaître opinion, ou imagination, ou encore connaissance du premier genre. On peut aussi savoir résoudre ce problème, parce qu'on a compris par déduction les propriétés de toute proportion. Mais on peut aussi trouver immédiatement et intuitivement le quatrième nombre, lorsqu'il s'agit des nombres les plus simples. Si les nombres proposés sont 1, 2, 3, tout le monde verra immédiatement et intuitivement que le nombre cherché est 6 ; et, en réalité, une telle connaissance a précédé nécessairement la démonstration proprement dite. Si l'on n'avait pas vu d'abord, en considérant les nombres les plus simples, ce que c'est qu'une proportion on n'aurait point traité démonstrativement des proportions. De même, l'arithmétique fournit des règles pour ajouter un nombre à un autre, et démontre que ces règles s'appliquent à tous les nombres. Mais on n'aurait jamais pensé à des démonstrations de ce genre si l'on n'avait eu d'abord l'intuition immédiate de ce que c'est qu'une somme de nombres ; en particulier, lorsqu'il s'agit des nombres les plus simples, comme 1 et 1, aucune démonstration n'est possible au sujet de la somme 1 + 1 ; on ne peut que voir immédiatement ce que c'est ; et, si on ne le voit pas, on ne pourra jamais rien comprendre au sujet de la somme de deux nombres. Il en est ainsi pour toutes les démonstrations. Si l'on ne voit pas d'avance intuitivement ce que l'on veut démontrer ou déduire, jamais on n'aura l'idée de faire une déduction ou une démonstration. Si la connaissance d'une sphère se faisait réellement en deux moments, et si on faisait tourner un demi-cercle avant d'avoir la sphère, jamais on n'aurait la sphère, car jamais on ne ferait tourner le demi-cercle. Connaître une essence, c'est la connaître comme formée d'autres essences, et cela ne peut se faire que d'un seul coup, autrement on connaîtra toujours les idées composantes et non l'idée qu'elles forment.

Sans doute il nous semble qu'au cours de la démonstration la certitude se fait en nous peu à peu ; mais pourtant cela est impossible. Il faut bien qu'à chacun des moments de la démonstration nous soyons immédiatement certains. C'est ensuite, et par le langage, que nous exposons par ordre et que nous accumulons les preuves ; en réalité, nous ne faisons que relier les unes aux autres des intuitions, et tout l'art de la démonstration est à déduire une vérité complexe $2 + 2 = 4$ de plusieurs intuitions immédiates et indécomposables $2 = 1 + 1$, $2 + 2 = 2 + 1 + 1$, $2+1=3$, $3+1= 4$. Si on ne compose pas la démonstration de propositions assez simples pour qu'on les saisisse immédiatement et sans démonstration, il n'y aura pas de démonstration. Il n'y aurait donc ni vérité ni certitude si la pensée ne saisissait immédiatement et absolument le vrai, avant de réfléchir sur le vrai.

Et d'ailleurs il faut bien qu'il en soit ainsi. Lorsque je sais une chose, je sais que je la sais, et je sais que je sais que je la sais, et ainsi indéfiniment. Et je suis bien certain, par exemple, que je sais que je sais, avant d'être certain que je sais, que je sais que je sais. Or il y a le même rapport entre savoir et savoir qu'on sait, qu'entre savoir qu'on sait et savoir qu'on sait qu'on sait. Donc, par le même raisonnement il faut bien que je sois certain que je sais, avant d'être certain que je sais que je sais. La certitude est donc immédiate et instantanée et elle précède toute réflexion sur la certitude. En d'autres termes, si l'acte de connaître le vrai n'est pas immédiat et instantané, il ne sera jamais; car, au moment où il sera, il faudra toujours qu'il soit immédiat et instantané. Il faut entrer dans le vrai ou rester dehors. Si l'on attend et si l'on délibère, on n'y sera jamais; et si l'on y est, on y sera tout d'un coup. Toute réflexion portant sur autre chose que sur l'idée vraie donnée est une réflexion à côté, une réflexion fausse.

Par suite la méthode Réflexive, ou réflexion véritable, ne consiste pas à enchaîner des idées et à les expliquer les unes par les autres, c'est-à-dire à raisonner sur les causes des êtres et sur les causes de ces causes. Cela c'est la fausse Réflexion, la réflexion sans objet et sans soutien ; car sur quoi porte-telle ? Elle enchaîne des ombres à des ombres ; elle est hypothétique toujours ; elle n'est, à vrai dire, l'idée de rien ; car le faux n'est pas et le douteux n'est pas. La méthode Réflexive est l'idée de l'idée, c'est-à-dire la réflexion sur l'idée vraie donnée, la réflexion sur ce qui est certain immédiatement et intuitivement. L'idée de l'idée douteuse ou fausse, et l'idée de cette idée, et les idées de ces idées indéfiniment s'éloignent du vrai au lieu de s'en rapprocher ; elles se perdent dans l'abstrait et le général, et c'est ainsi que se forment les idées confuses de Volonté, de Liberté, de Bien et de Mal. La vraie Réflexion est la réflexion sur l'idée vraie donnée, sur la certitude immédiate et absolue. Si nous ne partons pas de la Vérité, nous serons hors de la Vérité. Partons donc de la Vérité, et posons comme principe de nos démonstrations la Vérité immédiatement connue c'est à-dire l'idée qui n'a besoin de rien d'autre chose que d'elle-même pour être conçue.

Mais nous pouvons même nous avancer plus loin, et apercevoir ce qu'il y a dans cette idée dont nous allons partir. Le faux n'est pas. Ce qui fait, par exemple, que l'idée qu'un demi-cercle tourne est faussée c'est que cette pensée n'est pas jointe à la pensée de la sphère. La fausseté n'est rien de positif dans l'idée fausse ; elle n'est rien de plus que l'absence d'une autre idée.

L'idée fausse est vraie en soi ; elle n'est fausse pour nous que discursivement. Avant qu'une idée soit fausse, il faut d'abord qu'elle soit vraie. L'erreur vient de ce que nous avons des idées incomplètes et mutilées ; dans leur être immédiat, dans leur être pour elles, et non dans leur être pour d'autres et pour nous, elles sont vraies ; elles sont éternellement complètes et adéquates. Si donc le faux résulte de l'absence d'une idée et si la vérité nous est donnée immédiatement, hors du temps, il faut qu'il existe un tout des idées vraies, et qu'il existe le tout des idées vraies dans l'être immédiat de chaque idée. L'être immédiat de chaque idée, l'être pour soi de chaque idée suppose toutes les idées parfaites, c'est-à-dire une pensée parfaite. L'idée immédiatement vraie dont nous partons enferme donc nécessairement la Pensée parfaite dont notre pensée est une partie : en même temps que nous définissons la Vérité immédiate et absolue, nous définissons Dieu.

II

DE DIEU ET DE L'ÂME

« J'entends par Substance ce qui est en soi et est conçu par soi, et dont l'idée n'a pas besoin, pour être formée, de l'idée d'une autre chose quelconque. » Cette définition ne fait que résumer ce qui a été dit au sujet de la méthode dans le chapitre précédent. Il nous faut partir de l'idée immédiatement conçue ; de l'idée qui n'est déduite de rien et ne peut être expliquée par rien ; de l'idée qui est conçue sans le secours d'autre chose. Une telle idée est aussi l'idée du vrai ; l'idée aussi de l'être total, absolu, parfait, l'idée de Dieu. Dieu, être absolument infini, est substance ; car, s'il n'était pas substance, il serait conçu par autre chose que par lui ; il dépendrait donc de quelque chose, et serait limité par là.

Dieu ou la Substance existe nécessairement. En effet, il ne peut pas être produit par autre chose que par lui, sans quoi son idée dépendrait de l'idée de cette autre chose. Dieu est cause de soi. La cause de son existence ne peut donc être supposée en dehors de sa nature, c'est-à-dire en dehors de son essence ; c'est ce qu'on exprime en disant que s'il existe, son essence enferme l'existence, ou, si l'on veut, qu'il existe par définition. De plus nous devons dire qu'il existe par définition ; car nous devons partir de l'idée vraie donnée, et l'idée vraie doit être conforme à un objet réel. C'est pourquoi nous avons dit d'abord : « la substance c'est ce qui est en soi. »

Dieu est unique. En effet, une multiplicité de choses ne résulte jamais d'une définition, c'est-à-dire d'une essence. Par exemple, pour expliquer qu'il existe vingt hommes, il ne suffira pas d'invoquer la nature humaine ; il faudra de plus trouver la cause de l'existence de chacun de ces hommes. Mais la cause de l'existence de Dieu c'est son essence même; Dieu est donc unique.

Dieu est éternel, c'est-à-dire hors du temps. Une chose particulière existe dans la durée, c'est-à-dire commence et finit, parce que la cause qui la fait exister est différente de son essence ou, si l'on veut, de sa définition. Mais puisque Dieu existe par définition, on ne peut concevoir en Dieu ni commencement, ni fin, ni durée. D'où l'on voit qu'il ne faut pas confondre la durée illimitée, qui peut réaliser d'un concours heureux de circonstances, avec l'éternité, qui est nécessité.

Tout ce qui est est en Dieu et est conçu par Dieu ; car Dieu est l'être et le seul être. Et puisque Dieu est infini, il n'y a aucune raison de limiter le nombre et la variété des êtres qui sont en lui et sont conçus par lui, c'est-à-dire qui résultent nécessairement de sa nature. Je dis qui résultent nécessairement de sa nature, car je ne conçois clairement une chose par une autre que si je conçois que cette chose résulte nécessairement de l'autre et c'est ainsi que, par l'essence du triangle, je conçois les propriétés du triangle. C'est pourquoi l'on doit dire que Dieu n'est pas seulement cause de l'existence des choses, mais qu'il est aussi cause de leur essence, puisque concevoir les choses, c'est comprendre leur essence, et que c'est par Dieu qu'elles sont conçues.

Les choses n'ont pu être produites par Dieu d'une autre manière, ni suivant un autre cours qu'elles l'ont été. Essayons en effet de supposer un autre ordre dans les choses; nous devons affirmer que cet ordre aussi est réalisé, puisque nous n'avons aucune raison de limiter le nombre et la variété des choses qui résultent nécessairement de la nature de Dieu : tout ce qui est possible existe nécessairement.

Une chose quelconque est connue par nous de deux manières. Elle est connue comme un fait, et elle est connue comme une idée. Nous la connaissons comme un fait lorsque nous constatons son existence dans la durée. Nous la connaissons comme une idée, c'est-à-dire comme une essence, lorsque nous comprenons la nature de cette chose, autrement dit la vérité ou nécessité des rapports entre les éléments qui la composent. Par exemple, je connais la sphère comme un fait si je vois dans la nature un corps sphérique fait par quelque artisan ; je connais l'essence de la sphère si je l'engendre en faisant tourner un demi-cercle autour du diamètre et si je démontre les propriétés du volume ainsi construit. Et ces deux manières dont se révèle à moi l'être de la sphère sont distinctes et indépendantes l'une de l'autre ; car il n'est pas nécessaire pour que je constate l'existence d'un corps sphérique, et que j'explique cette existence par des causes comme le travail d'un artisan, que je comprenne son essence, et cela ne me serait même d'aucune utilité ; car ce n'est point l'essence de la sphère qui est cause de l'existence de la sphère, mais c'est tel ouvrier, et tel outil, qui ont eux-mêmes une autre cause du même genre, et ainsi indéfiniment. De même, pour que l'essence de la sphère soit ce qu'elle est, et enferme les propriétés nécessaires qu'elle enferme, il n'est point nécessaire qu'une sphère existe à tel moment.

Je dirai de la sphère, en tant qu'elle existe, et qu'elle est déterminée à exister par d'autres choses qui existent, comme un tronc d'arbre, un outil, un ouvrier, qu'elle est un corps. Et je dirai de l'essence de la sphère, en tant qu'elle est engendrée et comprise par une autre essence, comme le cercle, lequel est engendré et compris par d'autres, comme la droite, et ainsi indéfiniment, qu'elle est une pensée.

Il y a donc pour nous deux manières de considérer l'être ou Dieu. Nous pouvons le considérer comme étant le tout des corps, c'est-à-dire comme formé des corps qui entrent dans l'existence ou sortent de l'existence, poussés ou chassés par d'autres corps qui eux-mêmes naissent et meurent. En ce sens je dirai que l'unité de tous ces corps, c'est-à-dire l'étendue, qui est leur nature commune et leur lien, est un attribut de Dieu. Nous pouvons aussi considérer l'être comme étant le tout des pensées, c'est-à-dire comme formé de toutes les essences, en tant qu'elles s'expliquent les unes par les autres hors de la durée, dans l'éternel. En ce sens je dirai que la pensée, nature commune et lien de toutes les pensées, est un attribut de Dieu. Pour nous, le fait et la vérité sont distincts ; mais ils ne peuvent pas être réellement distincts en Dieu, car Dieu est un. Dieu est donc à la fois le fait et la vérité, tous les faits et tout le fait, toutes les vérités et toute la vérité : il est l'unité de l'un et de l'autre.

Au reste, comme Dieu est absolument infini, je n'ai aucune raison de limiter à deux les attributs de Dieu. Je dirai donc que Dieu a une infinité d'attributs infinis ; seulement nous n'en connaissons que deux, l'Étendue et la Pensée.

Nous appellerons modes de l'Étendue divine les choses particulières que nous connaissons comme existantes, c'est-à-dire sous l'attribut étendue, les choses qui sont nées, qui changent et qui mourront, comme Jacques, Pierre, tel arbre, tel livre. Nous appellerons modes de la Pensée divine les choses particulières que nous connaissons dans leurs essences éternelles, c'est-à-dire sous l'attribut pensée, par exemple une sphère engendrée par la rotation d'un demi-cercle, un cercle engendré par la rotation d'une droite, un fait de mémoire expliqué par la structure d'un corps organisé.

Un corps, mode de l'Étendue, c'est une chose quelconque lorsque l'on considère qu'elle tient son existence de ce qui l'entoure, de quelque chose d'extrinsèque par rapport à elle ; et l'étendue exprime que l'existence d'un tel être dépend de l'existence de tous les autres. Une idée, mode de la Pensée, c'est une chose quelconque, lorsque l'on considère que son essence est explicable par d'autres essences qu'elle suppose et enferme, comme l'est l'essence de la sphère par celle d'un demi-cercle qui tourne ; et la pensée exprime que l'essence d'un être dépend de l'essence de tous les autres, c'est-à-dire que toutes les essences sont intrinsèques les unes aux autres, impliquées les unes dans les autres, explicables les unes par les autres.

« En Dieu est donnée nécessairement l'idée tant de son essence que de tout ce qui résulte nécessairement de son essence. » En effet, Dieu étant pensée peut penser tout cela, et, nous l'avons dit, tout ce qui est possible existe en Dieu nécessairement. Il y a donc une vérité absolue de tout ; et cette vérité ne diffère pas plus des choses mêmes que Dieu pensée ne diffère de Dieu étendue. La façon dont Dieu a toutes les idées ne diffère point du tout de la façon dont il produit les choses : « l'ordre et l'enchaînement des idées est le même que l'ordre et l'enchaînement des choses » ; je dis le même, car la substance ou Dieu est unique, et les attributs étendue et pensée ne sont que des manières de la considérer.

Mais les choses ne font que passer dans l'existence. Pendant qu'elles n'existent pas, que deviennent leurs idées ? En quel sens peut-on dire que leurs idées soient encore comprises dans l'idée infinie de Dieu ? Il faut pourtant bien qu'elles y soient, puisque tout ce qui est seulement concevable est réel en Dieu. Mais elles n'y sont alors comprises que comme les essences formelles des choses particulières ou modes sont comprises dans les attributs de Dieu. En d'autres termes, il y a pour les idées deux manières d'exister. Elles existent en Dieu en tant qu'infini ; et elles existent en Dieu en tant qu'il est cause de l'existence actuelle de la chose dont cette idée est l'idée. En un mot, une idée peut exister implicitement en Dieu en tant qu'infini, ou exister en acte. L'existence implicite de l'idée, c'est sa nécessité indépendante de l'existence de la chose. Elle est alors en Dieu comme sont contenus dans un cercle une infinité de rectangles équivalents formés par des sécantes qui se coupent en un point. Mais il faut aussi que l'idée ait une existence en fait, liée à l'existence de la chose et subissant les mêmes vicissitudes que la chose même. Si, par exemple, je considère deux des rectangles dont je viens de parler, il faut bien admettre que, du moment que ces rectangles existent, leurs idées n'existent pas seulement en tant qu'elles sont comprises dans l'idée du cercle, mais aussi en tant qu'elles enveloppent l'existence de ces deux rectangles.

C'est pourquoi une idée peut avoir pour cause la pensée divine en deux sens. Toute idée a pour cause Dieu en tant qu'il est infini. Et l'idée d'une chose qui existe actuellement a de plus pour cause Dieu en tant qu'il est considéré comme étant cause aussi de l'idée d'une autre chose existant actuellement, et dont l'existence est liée à celle de la première. En d'autres termes l'idée aussi est liée à l'existence. Tout ce qui existe est intelligible par une essence éternelle, et rien n'existerait sans cela. Mais l'essence éternelle ne suffit jamais à expliquer l'existence d'une chose particulière. L'intelligibilité d'une chose n'explique pas l'existence de cette chose dans la durée ; elle ne suppose que l'éternité de l'essence en dehors du temps. Par exemple, quand je vois un objet rouge, je puis bien faire comprendre ce que c'est que la perception de couleur rouge, et en découvrir les lois éternelles et nécessaires ; mais ces raisons éternelles et nécessaires n'expliqueront pas l'existence de telle couleur rouge à tel moment. Il faut donc bien que l'idée du rouge qui existe actuellement soit en Dieu d'une autre manière que l'idée éternelle du rouge; et cela veut dire simplement qu'il y a aussi en Dieu une vérité de l'existence, et que l'étendue est un attribut de Dieu.

Ainsi toute chose qui existe actuellement est à la fois chose et idée, et de plus elle est idée en deux sens ; elle est idée éternelle, mais elle est aussi idée réelle, idée liée à l'existence en acte de la chose, ou, si l'on veut, idée d'une chose qui existe actuellement. L'idée d'une chose qui existe actuellement c'est l'âme de cette chose. Et ainsi tout ce qui existe actuellement a une âme.

L'homme qui existe actuellement est, lui aussi, à la fois chose et idée. Considéré comme chose, c'est-à-dire sous l'attribut étendue, l'homme est un corps ; considéré comme idée de ce corps existant actuellement, c'est-à-dire comme idée actuellement réelle, et non pas seulement comme essence éternelle, l'homme est une âme. Et l'on voit par là que l'âme humaine est en rapport avec Dieu de deux façons. D'abord elle est en Dieu comme essence éternelle, éternellement concevable ; mais elle est aussi en Dieu en tant que Dieu contient, sous l'attribut étendue, l'existence actuelle du corps dont l'âme est l'idée. C'est ce que l'on exprime en disant que l'âme de l'homme est unie au corps de l'homme. L'âme et le corps sont unis de la même manière qu'en Dieu les attributs pensée et étendue sont liés, c'est-à-dire sont deux attributs d'un seul et même être.

Il y a donc nécessairement, dans l'idée âme, des changements qui sont liés aux changements qui se produisent dans le corps, et ces changements de l'âme sont des perceptions. C'est seulement tant qu'il en est ainsi que l'âme peut être dite exister. L'existence de l'âme n'est rien autre chose que la perception de ce qui se passe dans le corps. Quand nous disons que l'âme humaine perçoit tout ce qui se passe dans son corps, nous voulons dire qu'elle n'est pas seulement liée en Dieu à toutes les idées, sous l'attribut pensée, mais qu'elle est liée aussi en Dieu, puisque Dieu a pour attribut aussi l'étendue, à l'existence actuelle d'une chose déterminée. C'est pourquoi, suivant qu'un corps est plus apte à faire et à subir plus d'actions, l'âme de ce corps est dite, elle aussi, apte à percevoir en même temps plus de choses. Ce qui est changement dans le corps est perception dans l'âme, ou pour parler plus exactement, tout état d'un homme existant actuellement est un changement de son corps, si nous considérons l'homme sous l'attribut étendue, et une perception de son âme, si nous considérons l'homme sous l'attribut pensée.

Le corps humain est un composé d'individus qui sont eux-mêmes composés d'individus ; et le corps tout entier est aussi un individu, c'est-à-dire un ensemble de corps qui se communiquent leurs mouvements les uns aux autres suivant une loi fixe. De même il y a dans l'âme les idées de ces individus, de leurs rapports et de leurs modifications. Et, comme toute modification dépend à la fois de la nature des corps extérieurs et de la nature du corps humain, l'idée de chaque modification du corps humain doit enfermer à la fois la nature du corps humain et la nature du corps extérieur qui le modifie. L'âme perçoit donc, en même temps que la nature de son corps, la nature de plusieurs autres corps. Seulement les idées que nous avons des corps extérieurs expriment bien plutôt la constitution de notre propre corps que la nature des corps extérieurs. Par exemple, lorsqu'un fiévreux perçoit l'amertume du vin, cette perception le renseigne bien plutôt sur son propre état que sur la nature du vin qu'il boit.

C'est pourquoi notre âme pourra contempler, comme s'ils étaient présents, des corps qui ne sont pas présents. Il suffira pour cela que la modification de notre corps, qui enferme la nature de ce corps, se produise en son absence ; et cela est possible parce que toute modification de notre corps est un changement de mouvement, et que tout changement de mouvement peut laisser des traces dans les parties molles du corps, de façon que ce changement se reproduise par l'effet du mouvement propre, c'est-à-dire de la vie du corps. C'est pourquoi il y a une très grande différence entre l'idée de Pierre qui est l'âme même de Pierre, et l'idée de Pierre dans l'âme de Paul. Car l'idée-âme de Pierre cessera d'exister en même temps que le corps de Pierre, tandis que l'idée de Pierre dans Paul, qui exprime bien plus la constitution du corps de Paul que la nature de Pierre, pourra subsister même si Pierre n'existe plus, pourvu que Paul existe encore.

Cette représentation d'un objet absent comme présent, c'est l'imagination. Et il est à propos de remarquer que les imaginations de ce genre, considérées en elles-mêmes, ne renferment aucune erreur. L'erreur résulte simplement de ce que nous ne savons pas que le corps que nous imaginons est absent ; en effet, si nous savions qu'il est absent, le fait que nous le représentons sans qu'il soit présent serait la marque de notre puissance plutôt que de notre faiblesse.

Les images des corps qui ont modifié en même temps notre corps sont liées les unes aux autres, de façon que nous ne puissions pas penser à l'une sans penser à l'autre. Cela résulte de ce que la disposition du corps qui enferme la nature de l'une enferme aussi la nature de l'autre. Et cet enchaînement des idées qui enferment la nature des choses extérieures en même temps que les modifications de notre corps, rend possible la Mémoire. La mémoire n'est, en effet, rien autre chose que l'enchaînement des idées qui enferment la nature des corps extérieurs, enchaînement qui se fait selon l'ordre et l'enchaînement des modifications du corps, c'est-à-dire selon les habitudes de chacun. C'est ainsi qu'un soldat, voyant sur le sable l'empreinte du pied d'un cheval, sera conduit de là à penser au cavalier, puis à la guerre, tandis que le paysan sera conduit, par cette même perception, à penser à la charrue et au champ.

L'âme humaine ne peut connaître un corps extérieur comme existant que par les idées des modifications de son corps ; elle n'a donc jamais une connaissance directe et certaine de la présence ou existence d'un objet. L'existence des corps extérieurs n'est pas pour elle objet de science ; nous ne saisissons cette existence qu'à travers une modification de notre corps ; à vrai dire, nous ne connaissons jamais que l'existence de notre corps, et, dans cette existence et dans les vicissitudes par lesquelles elle passe, nous lisons l'existence des corps extérieurs. C'est pourquoi aucune certitude au sujet de l'existence des corps extérieurs n'est possible pour nous ; nous n'avons aucun moyen de constater autre chose que l'existence de notre corps et de ses modifications ; constater de plus qu'une chose extérieure existe, c'est nécessairement et toujours se tromper. Notre connaissance des événements, de la naissance, de la mort, de la durée des choses qui nous entourent, et de la durée de notre propre corps, laquelle dépend des événements, est nécessairement et par nature inadéquate, c'est-à-dire incomplète et trompeuse, puisque nous ne connaissons tout cela qu'à travers les modifications de notre corps.

À cette connaissance inférieure, ou connaissance du premier genre, se rattache la formation des fausses idées générales, qui ont été la cause de tant d'erreurs et de tant de stériles discussions. Comme notre corps n'est pas capable de recevoir un nombre illimité d'empreintes sans les confondre et les mêler, il arrive un moment où l'âme ne peut plus apercevoir distinctement les images de tous les corps qu'elle a perçus, et où les petites différences de couleur, de grandeur, etc., qu'il y a entre elles tendent à se détruire. D'un autre côté, nous avons avantage, au point de vue de notre sécurité, à juger d'une chose d'après une autre, et à considérer comme identiques des choses qui produisent sur notre corps à peu près le même effet. Nous arrivons à penser en même temps à beaucoup de choses, et à désigner par un seul mot un grand nombre d'êtres particuliers. C'est ainsi que se forment les termes transcendantaux comme être, chose, etc., et les idées générales comme homme, chien, cheval, etc. Les idées ainsi formées paraissent à beaucoup d'hommes être les plus claires de toutes, parce qu'ils finissent par n'avoir plus dans la pensée que des mots qu'ils se représentent nettement ; mais, si l'on veut faire attention à la nature même des êtres qui sont ainsi réunis sous un seul mot on s'apercevra qu'il est impossible de penser réellement à plusieurs de ces êtres en même temps et que par suite les idées de ce genre sont tout à fait confuses, puisque leur contenu ne peut pas être réellement pensé. C'est ainsi que les mots remplacent souvent les choses, et de là résultent beaucoup d'erreurs qui ne consistent en somme que dans l'absence d'une idée, comme si je dis que les arbres parlent, ou qu'un homme est instantanément changé en pierre ; car je puis bien dire ces choses, mais je ne puis pas les penser; et je n'ai pas plus une idée fausse quand je prononce ces mots, que je n'ai une idée fausse lorsque je dis : « ma cour s'est envolée dans la poule de mon voisin ».

C'est de la connaissance expérimentale, ou connaissance du premier genre, que résulte l'idée que les choses sont contingentes. En effet, nous ne pouvons connaître les causes qui font qu'une chose particulière entre dans l'existence ou sort de l'existence ; car, tout étant lié dans l'univers, et les causes prochaines dépendant d'autres causes et ainsi indéfiniment, l'explication d'un événement suppose la connaissance de tout l'Univers. C'est pour quoi nous sommes portés à croire, lorsqu'un événement se produit d'une certaine façon, qu'il aurait pu être autre. Cette idée, qui est tout à fait confuse, résulte de ce que nous nous représentons d'avance le temps à venir d'après la liaison qui existe entre les différentes modifications de notre corps. Si hier un enfant a vu le matin Pierre, à midi Paul, et le soir Siméon, et s'il voit aujourd'hui Pierre le matin, on comprend qu'aussitôt qu'il voit le matin, il pense à l'heure de midi et au soir, et qu'en même temps qu'il pense à l'heure de midi il pense à Paul, et qu'en même temps qu'il pense au soir, il pense à Siméon ; c'est ce qu'on exprime en disant qu'il se représente l'existence de Paul et de Siméon comme liée à un temps à venir. Et il se représente cela avec d'autant plus de confiance qu'il aura plus souvent constaté cette même succession. Mais s'il arrive quelque jour qu'il voie le soir, au lieu de Siméon, Jacob, alors le lendemain matin, en même temps qu'il pensera au soir, il pensera alternativement à Siméon et à Jacob, son imagination flottera entre l'un et l'autre et c'est ce qu'on exprime en disant qu'il se représentera ces deux événements comme contingents, c'est-à-dire comme incertains. On voit que la contingence n'a de sens que par rapport à l'imagination, c'est-à-dire par rapport à la connaissance de l'existence, et que l'idée de la contingence est liée à l'idée de notre ignorance. Se représenter des choses qui existent dans le temps, c'est toujours et nécessairement se tromper, puisque c'est toujours juger des choses d'après les modifications de notre corps, et juger de l'ordre des choses d'après l'ordre des modifications de notre corps. La confiance avec laquelle nous attendons le retour des événements dépend toujours de la façon dont leurs images sont liées dans notre corps.

Mais un autre genre de connaissances est possible à l'âme humaine. À côté des fausses idées générales, il y a des notions réellement communes à tous les êtres, et qui sont identiques dans la partie et dans le tout ; telle est par exemple, pour les corps, l'étendue. Une partie quelconque de l'étendue renferme toutes les propriétés, toutes les lois, toute la nature de l'étendue : un triangle a les mêmes propriétés dans toute partie de l'étendue ; on ne voit donc pas comment la connaissance de l'étendue pourrait être incomplète ou mutilée ; ou bien on ne la connaît point, ou bien on la connaît parfaitement. Avoir une partie de cette idée, c'est l'avoir toute. L'âme humaine a donc l'idée adéquate de l'étendue et, en général, de tout ce qui est réellement commun à tous les êtres. La connaissance de ces notions communes, nous l'appellerons Raison, ou connaissance du deuxième genre. C'est à la raison que nous devons les démonstrations géométriques, par lesquelles les propriétés de l'étendue sont déduites les unes des autres et clairement expliquées. Et nous avons montré, dans la première partie, que la Raison ou connaissance du deuxième genre suppose elle-même une connaissance supérieure ou connaissance intuitive, sur laquelle il est inutile présentement d'insister.

Ce qu'il importe de ne pas oublier, c'est que la connaissance du premier genre est la seule cause de l'erreur. La connaissance du deuxième genre, et à plus forte raison l'autre, qui en est la condition, sont nécessairement vraies. Elles n'ont pas pour objet l'existence, laquelle dépend d'une foule de causes que nous ne pouvons pas connaître complètement. La connaissance du deuxième genre a pour objet ce qui est réellement commun à tous les êtres, comme l'étendue ; et la connaissance d'un tel objet ne peut être incomplète, puisque la partie a les mêmes propriétés que le tout. Quant à la connaissance du troisième genre, qui est la connaissance intuitive de l'essence de chaque chose particulière, elle est par définition parfaite et complète, puisqu'elle est immédiate, c'est-à-dire qu'elle ne dépend de rien et que, par suite, rien ne peut lui manquer.

On voit par là qu'il n'y a rien de positif dans l'erreur, et que l'erreur consiste seulement dans l'absence d'idées adéquates qui caractérise la connaissance du premier genre. Je perçois le soleil comme s'il était à deux cents pas. Une telle perception n'est pas vraie et ne peut pas être vraie; car je ne puis connaître avec certitude la nature d'un corps extérieur d'après les modifications de mon propre corps. Mais on ne peut pas dire non plus que cette perception soit fausse. Car, lorsqu'un homme connaît, par la Raison, la vraie distance du soleil, assurément il ne se trompe plus là-dessus, et pourtant il continue de percevoir le soleil comme situé à deux cents pas. Celui qui perçoit ainsi le soleil ne se trompe donc que parce qu'il manque de l'idée de la distance vraie du soleil. Il reste dans une région où l'on se trompe nécessairement. Il ne connaît au monde que des faits ; là est son erreur. Connaître des faits, ce n'est pas se tromper; mais croire qu'on ne peut connaître que des faits, prendre la connaissance des faits pour type de la connaissance certaine, ignorer par suite ce que c'est que comprendre et ce que c'est qu'être certain, c'est se tromper. L'erreur n'est pas dans notre vie un événement isolé, elle est une manière de vivre ; se tromper, c'est rester au degré inférieur. Aussitôt que l'on a participé à la connaissance rationnelle, aussitôt qu'on sait ce que c'est qu'avoir une idée claire, on ne peut plus être dupe d'aucune perception, ni prendre aucune perception pour une vérité. L'erreur apparaît alors lorsqu'on en est délivré ; l'erreur est intelligible pour celui qui est sorti de l'erreur, lorsqu'il compare les visions de son imagination aux idées claires et distinctes qu'il a maintenant. Il est impossible de faire comprendre ce que c'est que l'erreur à un homme qui ignore la vérité ; et aussitôt qu'un homme connaît la vérité, il comprend ce que c'est que l'erreur. « Comme la lumière, en se montrant, montre aussi ce que sont les ténèbres, ainsi la vérité se fait reconnaître par elle-même, et fait reconnaître le faux. »

Il n'y a donc rien de positif dans les idées qui puisse faire dire qu'elles sont fausses. L'erreur, c'est l'absence de la vérité, et rien de plus. Se tromper, c'est en être réduit aux perceptions ; c'est ne point connaître d'autre manière de penser que celle qui consiste à deviner tant bien que mal la présence ou l'absence des choses d'après les modifications qui surviennent dans notre corps. Celui qui vit ainsi est réellement le prisonnier de son corps ; il ignore l'être ; il ignore la nature et Dieu ; et c'est seulement en tant qu'il ignore la nature et Dieu qu'il se trompe.

Il n'est donc pas besoin, pour expliquer l'erreur, de supposer dans l'âme humaine, comme l'a fait Descartes, une volonté absolument libre, dont les affirmations s'étendraient plus loin que les limites de l'entendement. Une telle volonté est un exemple remarquable de ces fausses idées générales, qui semblent très claires, parce que nous n'y mettons plus autre chose qu'un mot, et qui sont en réalité tout à fait confuses. Ce qu'il y a en nous, c'est tel acte de volonté et tel autre acte de volonté : je veux acquérir tel objet par tel moyen, ou nuire à mon ennemi en faisant telles ou telles actions, ou m'attacher un tel comme ami en lui rendant tel service déterminé ; voilà des volontés réelles. La volonté, prise en général, a le même rapport avec de tels actes de volonté que la blancheur avec tel et tel objet blanc ; elle n'est pas plus la cause de tel ou tel acte de volonté que l'humanité n'est cause de Pierre ou de Paul. Il y a une infinité de manières différentes de vouloir, et ce sont ces manières différentes de vouloir qui existent. Parler de la volonté en général, c'est donc prononcer un mot, et rien de plus.

C'est encore par suite d'une méprise du même genre que l'on est amené à séparer, de l'entendement qui conçoit l'idée, la volonté qui juge. Car, lorsque je conçois un triangle, je puis bien ne pas dire en paroles, par exemple, que trois droites peuvent enfermer un espace ; et c'est pourquoi je puis croire que je m'empêche de juger, que je suis libre de ne pas juger. Ceux qui prennent les mots pour des idées se donnent ainsi l'illusion de nier et d'affirmer contre leur avis ; ils s'imaginent qu'ils doutent, alors qu'ils ne doutent pas, et qu'ils ignorent alors qu'ils n'ignorent pas. Mais si nous analysons les idées elles-mêmes, nous nous rendrons compte que chaque idée enferme une affirmation qui ne peut, par aucun artifice, être séparée de l'idée. Je pense à un cheval ailé, et je dis qu'en pensant à un cheval ailé je n'affirme rien. Qu'est-ce pourtant que penser à un cheval ailé, sinon affirmer qu'un cheval a des ailes ? De même, essayons de concevoir quelque volonté particulière par laquelle l'âme affirme que la somme des angles d'un triangle est égale à deux droits. Cette affirmation enferme évidemment l'idée du triangle, c'est-à-dire ne peut être conçue sans elle ; comment, en effet, affirmer quelque chose du triangle, sinon en paroles, sans avoir l'idée du triangle ? De plus, l'idée du triangle enferme nécessairement l'affirmation que la somme des angles du triangle est égale à deux droits, et c'est là justement ce que le géomètre démontre. Donc, cette affirmation est tout à fait inséparable de l'idée du triangle : elle n'est rien sans l'idée, et l'idée n'est rien sans elle. C'est donc par un simple artifice de langage que l'on peut séparer l'idée et l'affirmation ; et, à plus forte raison, ce n'est qu'en paroles qu'on peut séparer l'entendement, cause supposée des idées, de la volonté, cause supposée des affirmations. Toute idée enferme une affirmation, et l'affirmation est liée à l'idée. Ceux qui croient pouvoir isoler l'idée de toute affirmation ignorent tout à fait la nature de l'idée qui est une pensée, et prennent pour des idées des peintures muettes et mortes, d'inertes reproductions des choses, telles que sont, par exemple, les images sur la rétine. Il est bien vrai que si l'on considère une chose parmi les choses, sous l'attribut étendue, on conçoit cette chose comme soutenue par les autres sans qu'il soit besoin d'un jugement pour maintenir l'union de ses parties. Aussi d'une telle chose nous ne pouvons qu'affirmer qu'elle est présente ou qu'elle n'est pas présente, et encore sans aucune certitude. Mais si nous voulons la penser réellement, savoir cc qu'elle est, et non pas si elle existe, nous devons la refaire avec ses parties et la maintenir et la soutenir ; toute idée est un tissu d'affirmations, et ces affirmations la constituent ; l'acte de concevoir et l'acte de juger sont identiques.

Disons donc qu'il n'y a point, dans l'âme humaine, de volonté libre. Rien au monde ne peut être indépendant de Dieu, et le cours des événements, qui résulte, nécessairement et selon des lois éternelles, de la nature divine, ne peut pas dépendre des caprices de l'individu. L'homme se croit libre, parce qu'ayant conscience de ses actions il ignore leurs causes ; mais nous savons bien que toute action à une cause, et nous ne croyons point sur parole les malades ou les fous qui se croient libres et qui nous disent qu'ils le sont, car nous savons bien, nous, qu'ils sont aussi esclaves que possible. Et assurément cela ne veut point dire qu'il n'y ait pour l'homme aucune puissance ni aucune liberté, c'est-à-dire aucun salut, puisque nous traiterons bientôt de la puissance de l'homme sur ses passions et de la liberté humaine. Cela veut dire seulement que l'homme n'a point de puissance sur les événements, et qu'il doit d'abord les accepter et comprendre que dans l'ordre du fait aucun salut, aucune délivrance, aucun progrès n'est possible. Ce n'est point en modifiant les événements de sa vie que l'homme se sauvera et se libérera, c'est en les appréciant à leur juste valeur, en comprenant que sa vie véritable est autre part, au-dessus des événements qui passent, dans l'éternel. En vain cherchera-t-il à tirer de ses perceptions la moindre vérité ; il ne fera jamais que changer une erreur pour une autre ; la vérité est d'un autre ordre et dans une autre région ; c'est par la déduction des essences qu'on y peut arriver. De même, l'homme cherchera en vain à mettre dans le cours de ses perceptions un peu de puissance et de liberté ; il ne fera que changer d'esclavage. La puissance de l'homme est d'un autre ordre ; elle est non sur le corps ou sur les faits, mais sur les idées, dans l'ordre des essences ; elle est dans la Raison. Et la liberté est encore d'un autre ordre ; elle est dans la connaissance de tout cela par Dieu et en Dieu, dans la contemplation immédiate du vrai, dans la connaissance du troisième genre. C'est ce que nous avons maintenant à expliquer, en traitant d'abord des passions de l'homme et de son esclavage, puis de la puissance que lui donne l'usage de la Raison, et enfin de la liberté et du bonheur qui résultent pour lui de son union directe et immédiate avec Dieu.

III

DES SENTIMENTS ET DES PASSIONS

La plupart de ceux qui ont traité des Passions les attribuent à on ne sait quel vice de la volonté humaine; et, par suite, ils sont plus préoccupés de s'en moquer ou de les blâmer que de les expliquer. Pourtant, les passions, comme tout ce qui est, doivent résulter des lois nécessaires de la Nature Divine ; il s'agit donc pour nous de comprendre comment les sentiments et les passions sont liés à notre dépendance par rapport à l'Univers, c'est-à-dire à l'existence de notre corps dans l'étendue. Il s'agit de comprendre comment les sentiments et les passions se rattachent aux vicissitudes de notre existence dans la durée, et aux idées inadéquates que nous avons de ces vicissitudes. Montrer comment l'ignorance et l'erreur sont aussi joie et tristesse, amour et haine, espérance et crainte, tel est l'objet de ce chapitre.

Nous dirons que nous agissons lorsque quelque chose a lieu en nous ou hors de nous, dont nous sommes la cause adéquate, c'est-à-dire qui est explicable par notre seule nature. Ainsi, par exemple, comprendre la nature de la sphère en la construisant par la rotation d'un demi-cercle cela ne dépend pas des événements et des choses qui nous entourent, mais seulement de la nature de notre pensée. Nous dirons donc que c'est là une action.

Au contraire, nous dirons que nous pâtissons, lorsque quelque chose a lieu en nous ou hors de nous dont nous ne sommes pas la cause adéquate, c'est-à-dire qui n'est pas explicable par notre nature seule. On voit par là que nous pâtissons non seulement quand nous subissons simplement l'action d'un objet, mais aussi quand nous agissons, au sens vulgaire du mot, pour éviter cette action ; par exemple, l'acte de fuir parce qu'on voit un lion n'est pas une action, car notre nature seule ne suffit pas à expliquer cette action ; elle dépend à la fois de notre nature et d'un événement ; de même si je dresse un paratonnerre pour me mettre à l'abri de la foudre, de même encore si je rends service à quelqu'un en vue de l'attacher à moi par la reconnaissance ; de même lorsque Auguste pardonne à Cinna pour désarmer ses autres ennemis. Il résulte de là qu'il ne faut pas, au sujet de l'action et de la passion, croire ce que disent les hommes et ce qu'ils croient ; car, bien souvent, ils croient qu'ils agissent alors qu'ils ne font que pâtir, et ils font honneur à leur volonté de ce qui, en réalité, n'est pas explicable par leur nature seule. De même que l'ignorant ne désire point la certitude, attendu qu'il ne soupçonne pas ce que c'est, mais dit et croit qu'il l'a, de même l'homme qui est le plus esclave des événements ne désire point la puissance et la liberté, attendu qu'il ne soupçonne pas ce que c'est, dit et croit qu'il les a.

Le corps humain peut être modifié de beaucoup de façons ; et, par ces modifications, sa puissance d'agir peut être augmentée ou diminuée. Par exemple, le froid peut produire, dans certaines parties du corps, un engorgement ou une congestion qui est déjà une maladie ; un bon repas, un exercice modéré augmentent les forces du corps et le disposent à l'action. L'idée de chacune de ces modifications est nécessairement donnée en même temps dans l'âme. Nous appellerons sentiment l'idée d'une modification de notre corps, par laquelle sa puissance d'agir est augmentée ou diminuée.

L'âme, en tant qu'elle a des idées adéquates, agit ou fait des actions. En effet, ces idées ne dépendent de rien d'extérieur à elle; elle les conçoit et les enchaîne conformément à sa nature et sans être liée à aucun événement ; en d'autres termes, ces idées, par exemple l'idée de la ligne droite comme résultant du mouvement d'un point, ou l'idée de la sphère comme résultant de la rotation d'un demi-cercle, s'expliquent par la nature de l'âme seule ; nous n'obéissons, en les construisant, qu'aux exigences de notre pensée ; c'est ce qu'on exprime en disant que l'âme agit. L'âme pâtit ou a des passions, au contraire, en tant qu'elle a des idées inadéquates. Car les idées inadéquates dépendent de corps extérieurs, c'est-à-dire d'événements qui dépendent eux-mêmes d'autres événements, et enfin de l'univers tout entier; et ces idées ne sont pas, par suite, explicables par la seule nature de l'âme; elles ne seraient explicables que par l'univers tout entier ou si l'on veut, par Dieu en tant qu'il constitue l'être non seulement de l'âme humaine, mais encore de toutes les autres choses. En d'autres termes, l'âme est d'autant plus esclave qu'elle se détermine plus d'après des faits, et d'autant plus libre qu'elle se préoccupe moins des faits.

Par exemple, si je veux du bien à mon voisin parce qu'en fait il a agi de telle manière, parce qu'il a été bon, mon voisin, comme événement, fait partie de la cause de mon action, et mon âme pâtit. Mais si, au contraire, je lui veux du bien conformément aux lois nécessaires de toute société, déduites de l'idée de Dieu et de la nature humaine, l'existence de mon voisin n'est alors pour rien dans la formation de cette idée : mon âme agit, car elle veut en vertu d'une idée nécessaire, indépendante de tout événement, supérieure à tout événement, et dont elle est la cause suffisante ; notre voisin n'y peut rien, et il n'existerait pas, que nous lui voudrions encore du bien.

Les actions de l'âme ne peuvent résulter que des idées adéquates ; les passions de l'âme ne peuvent résulter que des idées inadéquates ; car il n'y a point autre chose dans l'âme que des idées. On voit par là que tout ce qui, dans l'âme, résulte de l'âme, est action, et que ses passions ne sont point siennes : elles sont des répercussions de tout l'univers en elle ; l'âme n'en est que la cause partielle ; c'est en tant que l'on dépend des événements que l'on a des passions. C'est pourquoi nous réserverons le nom de passions aux sentiments qui résultent dans l'âme des idées inadéquates, c'est-à-dire des idées qui enferment la présence d'objets extérieurs à son corps.

Aucune chose ne peut être détruite que par une cause extérieure à elle, c'est-à-dire par une cause qui ne fait point partie de sa définition ou de son essence. En effet, supposons que son essence contienne une cause qui la détruise; cette essence serait en elle-même impossible, et l'impossible n'est pas. Lors donc qu'une chose est détruite par quelque cause, on peut affirmer que cette cause n'est pas comprise dans la nature éternelle de la chose, dans l'essence de la chose ; et cela veut dire simplement que toute chose a une essence éternelle. C'est donc l'éternité de l'essence qui rend impossible la destruction de la chose par elle-même ; toute chose, parce qu'elle a une essence éternelle, durera indéfiniment, si elle existe, jusqu'à ce qu'une cause extérieure à elle la détruise. C'est ce qu'on exprime en disant que toute chose, par nature, dure et se conserve tant que des causes extérieures ne la chassent pas de l'existence : « Toute chose s'efforce, autant qu'il en est en elle, de persévérer dans son être. »

Seulement il faut se garder de voir dans cet effort pour persévérer dans l'être quelque abstraction analogue à la volonté, quelque tendance distincte de la nature même de l'être. Toute nature est une manifestation de la puissance de Dieu et c'est seulement en ce sens que cette chose a la puissance de durer. À cela se ramène l'idée commune de l'instinct de conservation ou de l'attachement à l'être. Et cela n'est pas vrai seulement de l'homme et des animaux; cela est vrai de tout. L'existence ne se réduit pas à des conditions externes, car si tout est condition externe, c'est-à-dire condition négative, rien n'existera. Ce n'est pas l'existence, c'est la destruction qui est une résultante de conditions externes. Pour qu'il y ait exclusion des modes les uns par les autres, et lutte pour l'existence entre les modes ou êtres particuliers, il faut d'abord que ces modes existent positivement par la puissance de Dieu. L'effort pour persévérer dans l'être n'est donc autre chose que la puissance de Dieu manifestée par un mode ; c'est l'être qui est d'abord, et la destruction est un phénomène extrinsèque ; voilà ce qu'il y a de vrai dans l'amour de soi.

L'âme, comme tout ce qui est, s'efforce de persévérer dans son être seulement elle a conscience de cet effort en d'autres termes, l'âme a conscience des idées dont elle est faite, et qui sont les idées des modifications du corps, et elle ne trouve jamais rien dans ses idées qui implique sa destruction ; l'âme ne trouve jamais en elle-même l'idée de sa propre destruction ; l'âme ne peut pas penser qu'elle ne pense plus ; telle est l'idée claire de notre attachement à l'être. Cet attachement à l'être, lorsqu'il est rapporté à l'âme seule, c'est-à-dire à l'âme en tant qu'elle a des idées adéquates, s'appelle volonté; en tant qu'il est rapporté en même temps à l'âme et au corps, c'est-à-dire à l'âme en tant qu'elle a des idées inadéquates, il s'appelle l'appétit.

L'effort de l'âme pour persévérer dans l'être n'est, on le voit, rien autre chose que l'essence même de l'homme, de laquelle résultent nécessairement les actes nécessaires à sa conservation. Et ce n'est pas parce que de tels actes ont lieu que l'homme persévère dans l'être, c'est au contraire parce qu'il persévère dans l'être que ces actes ont lieu; ils ne font qu'exprimer l'essence dans l'existence, et ils ne sont pas autre chose que la présence en fait de notre corps dans le monde des corps. La résistance d'un corps aux corps qui le pressent ne peut venir des corps qui le pressent ; il faut bien qu'elle résulte de sa nature ; mais elle n'est point faite pour conserver sa nature ; tout ce qu'on peut dire, c'est qu'elle le conserve et qu'elle vient de lui, et non des autres. Tout être qui est, est, par ce seul fait qu'il est attaché à l'être, sans quoi il ne serait même pas un moment. L'essence du corps humain, c'est une certaine formule de mouvement ; cette formule de mouvement ne peut être dite exister que tant que des mouvements se font conformément à cette formule : c'est pourquoi de tels mouvements sont dits propres à conserver le corps ; mais ils ne sont point faits en vue de conserver le corps : le corps n'est rien de plus que l'ensemble des mouvements par lesquels il se conserve. Quand nous disons que l'être s'efforce de persévérer dans l'être, nous ne voulons donc dire rien de plus que ceci, à savoir qu'il a une essence éternelle, c'est-à-dire qu'il consiste en une formule de mouvement déterminée, qui dure indéfiniment jusqu'à ce que des causes extérieures l'empêchent de se manifester.

Le désir, c'est l'appétit conscient de lui-même. L'on voit, d'après ce qui précède, que le désir n'est que le fait de l'existence, lorsque nous avons conscience des conditions sans lesquelles cette existence ne serait pas possible. Il ne faut donc point s'en rapporter là-dessus au jugement du plus grand nombre, et croire que c'est parce que nous jugeons une chose bonne que nous la désirons ; le désir est premier ; le désir est un fait naturel, inséparable de l'existence, il est l'existence même, en tant qu'elle ne contient jamais en elle sa propre négation ; c'est donc parce que nous désirons une chose que nous la jugeons bonne.

On comprend, d'après cela, que l'âme peut pâtir de beaucoup de façons et passer tantôt à une plus grande perfection, tantôt à une perfection moindre, et cela parce que l'âme est l'idée d'un corps dont la durée est incertaine, et qui est pressé et menacé de toutes parts par d'autres corps. La puissance d'agir de notre corps est tantôt augmentée, tantôt diminuée, ce qui fait que, l'âme et le corps n'étant qu'un même être considéré à deux points de vue, la puissance de penser de notre âme est en même temps favorisée ou contrariée. Un pur esprit ne serait pas capable de telles vicissitudes ; mais, à vrai dire, un pur esprit, un esprit qui ne dépendrait que de sa propre nature, c'est-à-dire de la nature des idées en tant qu'idées, serait parfait, serait Dieu. Le corps ne signifie pas autre chose que l'imperfection et la limitation de l'âme ; il signifie que l'âme n'est pas tout, puisque, par le corps, l'âme dépend du tout des choses.

Tous les changements que subit l'âme en tant qu'elle est aussi corps se ramènent donc à deux : le passage à une plus grande perfection, et le passage à une moindre perfection. Or les sentiments de l'âme se ramènent aussi à deux grandes espèces : les sentiments agréables, et les sentiments désagréables, c'est-à-dire la Joie et la Tristesse. Dès lors il est évident que la joie est le sentiment d'un passage à une plus grande perfection, et la tristesse le sentiment d'un passage a une moindre perfection. Il est impossible, en effet, que l'âme reçoive sans résistance l'idée de sa propre destruction ; il est impossible que l'âme n'aime pas son être, et ne se réjouisse pas de ce qu'elle existe plus et mieux. Du moment où l'on comprend que la joie et la tristesse résultent, non pas de notre volonté, mais des modifications du corps et des idées de ces modifications, il faut bien que la joie soit le signe de la perfection et la tristesse le signe de l'imperfection, ou, plus exactement encore, car le sentiment n'est pas séparable de l'âme qui l'éprouve, et il est l'âme même modifiée, que la joie soit le passage à une perfection plus grande, et la tristesse le passage à une perfection moindre.

Notre joie et notre tristesse sont donc des manières d'être que nous ne faisons pas, que nous subissons, qui nous viennent de notre corps, et, par notre corps, de tout l'Univers. Tantôt l'âme s'explique ou croit s'expliquer clairement la cause de sa joie ou de sa tristesse, tantôt, au contraire, elle se borne à subir sa joie ou sa tristesse comme un fait, avec l'idée très confuse que le corps en est la cause ; dans ce dernier cas, on appelle la joie gaieté, si on la rapporte à tout le corps, et plaisir, si on la rapporte à une partie déterminée du corps ; et l'on appelle mélancolie et douleur les deux formes correspondantes de la tristesse.

L'âme s'efforce, autant qu'elle le peut, d'imaginer les choses qui augmentent la puissance d'agir de son corps; et lorsqu'elle imagine des choses qui diminuent la puissance d'agir du corps, elle s'efforce, autant qu'elle le peut, d'imaginer des choses qui excluent l'existence des premières. Il ne faut pas entendre par là que l'âme augmente volontairement la puissance d'agir de son corps, elle ne le saurait, mais seulement que l'imagination de choses qui augmentent la puissance d'agir du corps, et, par suite, la puissance de penser de l'âme, est conforme à l'essence de l'âme et ainsi est pour elle joie, et que l'exclusion des images des choses qui diminuent cette même puissance est inséparable de l'existence même de l'âme. Nous n'exprimons rien de plus que cela en disant que l'âme s'efforce de substituer certaines images à d'autres ; l'âme ne veut pas cette substitution d'avance ; mais l'âme n'existe que dans la mesure où elle réussit à opérer cette substitution; quand elle dit qu'elle la veut, c'est comme si elle disait qu'elle (l'âme) dure et se conserve, car cette prétendue volonté n'est pas distincte de la conservation et de l'existence même de l'âme. C'est seulement en ce sens que l'on peut dire que l'âme a de l'aversion pour certaines choses.

Nous sommes maintenant en mesure de nous faire une idée claire de l'amour et de la haine. Lorsque nous joignons à la joie l'idée d'une chose extérieure, nous nous efforçons, au sens de ce mot qui vient d'être expliqué, d'avoir et de conserver présente la chose qui est jointe à notre joie ; nous disons alors que nous aimons cette chose, ce qui ne veut pas dire que nous sortions de notre essence pour nous joindre à elle, mais que, en pensant à elle, nous affirmons notre essence et notre durée, que nous nous aimons nous-mêmes quand nous l'imaginons, ou plus exactement que nous nous réjouissons de notre être en pensant à cette chose. Nous dirons donc que l'amour est la joie accompagnée de l'idée d'une cause extérieure, et que la haine est la tristesse accompagnée de l'idée d'une cause extérieure.

Du reste, nos joies et nos tristesses sont liées les unes aux autres de mille façons, comme sont les modifications corporelles dont elles dépendent. Nos sentiments supposent toujours des modifications du corps et ils subissent par suite l'effet de la juxtaposition, qui est la loi du monde des corps. Si l'âme a éprouvé à la fois deux sentiments en même temps, elle ne pourra éprouver l'un sans éprouver l'autre. De plus, même les choses indifférentes pourront être pour elle causes de joie ou de tristesse, et par suite de désir ; il suffira pour cela que ces choses soient unies par l'imagination à une chose qui soit pour nous cause de joie ou de tristesse ou objet de désir. Il suffit donc que nous ayons pensé à une chose pendant que nous étions joyeux ou triste pour que nous aimions ou que nous haïssions cette chose.

Bien plus, il suffira qu'une chose ait quelque ressemblance avec l'objet aimé pour que nous l'aimions ; qu'une chose ait quelque ressemblance avec l'objet haï pour que nous la haïssions. En effet, ce que les deux choses qui se ressemblent ont de commun a été imaginé en même temps que nous éprouvions la joie ou la tristesse. On s'explique ainsi que nous éprouvions, sans savoir pourquoi, de l'amour ou de la haine ; et c'est là ce que l'on doit entendre par sympathie ou antipathie. Il résulte encore de là que si une chose haïe comme cause de tristesse ressemble à une autre chose que nous aimons, nous l'aimerons et nous la haïrons en même temps, ou plutôt nous flotterons entre un sentiment et l'autre.

On voit déjà à combien d'objets divers, et souvent indifférents nous attachons notre joie et notre tristesse, et de combien d'événements nous nous rendons ainsi les esclaves. Mais nous sommes encore capables d'éprouver à l'occasion de choses passées ou futures les mêmes sentiments que nous éprouvons à l'occasion d'une chose présente. En effet, l'image d'une chose passée ou future est toujours présente pour nous quand nous y pensons ; nous ne la disons passée ou à venir que parce que nous la lions à l'idée d'un temps passé ou à venir ; en elle-même l'image d'une chose est toujours la même, que la chose soit absente ou présente, et l'état de notre corps, au moment où nous pensons à la chose passée ou à venir, est le même que si la chose était présente. Ces sentiments de joie et de tristesse, lorsqu'ils sont accompagnés de l'idée d'une chose à venir, s'appellent l'Espérance et la Crainte. Lorsque la tristesse et la joie sont accompagnées de l'idée d'une chose passée, nous éprouvons soit le Remords, soit une sorte de contentement auquel ne correspond pas de terme spécial.

Enfin nos sentiments se compliquent encore lorsque l'objet que nous aimons ou que nous haïssons nous paraît capable d'éprouver les mêmes sentiments que nous. L'idée de la destruction d'un objet aimé nous attriste ; l'idée de la destruction d'un objet haï nous réjouit. Par suite, la joie de l'être aimé nous réjouit; la joie de l'être que nous haïssons nous attriste ; la tristesse de l'être aimé nous attriste, et la tristesse de l'être haï nous réjouit. En effet, quand nous imaginons qu'un être est triste, c'est comme si nous imaginions qu'il est détruit ; quand nous imaginons qu'un être est joyeux, c'est comme si nous imaginions qu'il dure et se conserve. Et notre haine et notre amour s'étendront même jusqu'aux choses qui nous paraissent être des causes de joie ou de tristesse pour l'être que nous aimons ou que nous haïssons. De là une foule de sentiments parmi lesquels on peut citer la commisération, qui est une tristesse accompagnée de l'idée de la tristesse d'un être que nous aimons, l'indignation qui est une tristesse accompagnée de l'idée d'un être qui est cause de tristesse pour l'être que nous aimons. On voit clairement que des causes qui ont été jusqu'ici examinées résultent une infinité de sentiments dont la plupart ne sont désignés par aucun nom.

Mais d'autres sentiments tout aussi variés, et qui ne sont pas d'une importance moindre que ceux dont il vient d'être traité, résultent de notre ressemblance avec les autres hommes. « De cela seul que nous imaginons qu'un être qui nous ressemble éprouve un sentiment, nous l'éprouvons aussi. » En effet, les images des choses sont des modifications du corps humain qui enferment la présence d'un corps extérieur; en d'autres termes, lorsque nous connaissons un corps extérieur comme présent, cela veut dire que l'idée de notre corps exprime, en même temps que la nature de notre corps, la nature du corps extérieur ; et nous ne pouvons connaître une modification du corps extérieur que si l'idée de cette modification est comprise dans l'idée que nous avons de notre corps. Or, lorsque nous nous représentons qu'un de nos semblables éprouve un certain sentiment, nous ne pouvons le savoir que si l'idée d'une modification de son corps, qui correspond à ce sentiment, est comprise dans l'idée que nous avons de notre corps ; donc, au moment où nous nous représentons qu'un de nos semblables éprouve un sentiment, l'idée que nous avons de notre corps enferme une modification qui est liée en nous à ce même sentiment, et par suite il est impossible que nous ne l'éprouvions pas. Ainsi, si nous imaginons qu'un être qui nous ressemble éprouve quelque sentiment, par cela seul nous éprouverons ce même sentiment. Cette imitation des sentiments explique la pitié et l'émulation. Et non seulement nous serons joyeux ou tristes avec nos semblables, mais nous aimerons ou nous haïrons tout ce que nous imaginons comme étant cause de joie ou de tristesse pour eux.

Du reste, nos actes suivent nos sentiments, ou plutôt ne sont que ces mêmes sentiments considérés dans le corps. L'action est identique au désir ; ce qui est désir dans l'âme est action dans le corps. C'est pourquoi nous nous efforçons de réaliser, d'amener à l'existence tout ce que nous imaginons comme favorable à notre joie, et de détruire, au contraire, ce que nous imaginons comme défavorable à notre joie. De même nous nous efforçons de réaliser ce que nos semblables, croyons-nous, imaginent avec joie, comme de détruire ce qui est pour eux, croyons-nous, cause de tristesse; de là la gloire et la honte, et d'autres sentiments du même genre, qui dépendent de l'effet que nous supposons que produisent nos actions sur les sentiments de nos semblables.

Les sentiments de cette espèce semblent de nature à rapprocher les hommes les uns des autres, et à les unir. Mais il n'en est rien. En effet, si nous imaginons que quelqu'un jouit d'une chose dont nous ne pouvons pas jouir en même temps que lui, nous nous efforçons de faire en sorte qu'il ne l'ait pas, car l'imitation des sentiments fait que son désir augmente le nôtre. Et l'on voit par là qu'il n'est même pas besoin, pour que les hommes soient rivaux, que les choses qu'ils se disputent leur soient nécessaires ; il suffit qu'un homme désire une chose pour qu'un autre la désire aussi, et pour qu'ils se haïssent et luttent l'un contre l'autre. On voit comment, de la nature humaine, l'envie et la haine résultent aussi nécessairement que la pitié. La même imitation des sentiments qui nous fait compatir au malheur d'autrui peut nous rendre le bonheur d'autrui insupportable.

Il faut ajouter à tout cela les effets bien connus de la jalousie. Quand nous aimons un être qui nous ressemble, nous nous efforçons de faire en sorte qu'il nous aime aussi. En effet, aimer quelqu'un c'est aimer son être, c'est donc vouloir sa joie ; c'est donc vouloir qu'il éprouve une joie dont nous sommes la cause. Mais, de plus, nous aimons l'approbation de nos semblables ; nous voulons donc que celui que nous aimons ait de la joie et croie que nous en sommes la cause : nous voulons qu'il nous aime. Par suite s'il aime un autre être que nous, nous le haïrons pour cela en même temps que nous l'aimons. De là toutes les absurdités et toutes les contradictions de la vie passionnelle.

Il ne faut pas oublier non plus, dans cette explication des passions et de leurs effets funestes, l'influence qu'ont, sur notre amour et notre haine, l'amour et la haine que nous supposons en ceux que nous aimons ou haïssons. Celui qui s'imagine qu'il est haï de quelqu'un sans lui avoir donné aucun sujet de haine, le haïra à son tour ; car, lorsque nous imaginons une telle chose, nous éprouvons la tristesse, par suite de l'imitation des sentiments, et nous ne voyons point d'autre cause à cette tristesse que celui dont nous pensons qu'il nous hait ; nous le haïssons donc, d'après la définition de la haine. De là résulte que l'on rend le mal pour le mal, que l'on éprouve la colère, et que l'on désire la vengeance. Inversement, et pour des raisons analogues, celui qui s'imagine qu'il est aimé de quelqu'un sans avoir rien fait pour cela, se mettra à l'aimer à son tour. Il résulte de là que la haine est augmentée par une haine réciproque, mais peut être détruite par l'amour; et aussi que la haine, lorsqu'elle est vaincue par l'amour, se change en un amour plus grand que si la haine ne l'avait pas précédé. C'est encore pour des raisons du même genre que nous serons amenés nécessairement à haïr quelqu'un, si nous imaginons qu'il hait celui que nous aimons.

Il reste enfin à montrer que les hommes sont naturellement ennemis les uns des autres, c'est-à-dire qu'un homme hait plus un autre homme que n'importe quoi. Toutes choses égales, nous haïrons plus une chose si nous la considérons comme cause unique de notre tristesse, que si nous la considérons seulement comme cause partielle de notre tristesse ; et cela résulte de la définition même de la haine. C'est pourquoi, toutes choses égales, nous haïrons plus un être que nous supposons libre, c'est-à-dire cause unique de ses actes, que si nous le supposons déterminé à agir par d'autres causes. Et comme nous sommes portés à croire que, seuls dans la nature, les hommes sont libres, nous aurons plutôt de la haine pour un homme que pour tout autre être. À cela s'ajoute que nous nous réjouissons beaucoup moins de ce qui nous est commun avec d'autres que de ce qui nous est propre et exprime plus distinctement la perfection de notre être ; d'où il résulte qu'un homme se réjouit surtout de sa propre contemplation lorsqu'il contemple en lui-même ce qu'il nie des autres. Il suit de là que nous sommes portés par cette raison-là aussi à nous réjouir de l'imperfection des autres, et à nous affliger de leur perfection. Et c'est là encore une cause de haine.

On pourrait prolonger indéfiniment cette analyse des passions particulières, c'est-à-dire des manières d'aimer et de haïr, et de leurs effets. Il faut bien remarquer, en effet, qu'un sentiment ou une passion n'est pas séparable de l'âme qui l'éprouve. Le sentiment d'un individu diffère du sentiment d'un autre, comme l'essence de l'un diffère de l'essence de l'autre ; par suite, entre un amour et un amour, entre une haine et une haine, il y a toujours quelque différence, et d'un homme à l'autre, et d'un moment à l'autre dans le même homme ; car les corps sont tous différents et sont tous modifiés d'une foule de façons différentes. Il est important de réfléchir là-dessus, afin de ne jamais considérer la joie en général, ni la tristesse en général, ni le sentiment en général, ni l'homme en général. Car c'est toujours un être déterminé, Pierre ou Paul qu'il faut délivrer ou sauver, et non pas l'humanité.

On voit, d'après tout ce qui précède, que les passions et leurs effets résultent nécessairement de la condition humaine, c'est-à-dire de ce que le corps de l'homme est une partie de la nature ; et qu'on ne peut rendre responsable aucune volonté libre de l'injustice et de la méchanceté des hommes. Quand on a compris cela, on ne peut plus ni s'indigner, ni blâmer, ni haïr, et, en ce sens, on est déjà meilleur.

IV

DE L'ESCLAVAGE DE L'HOMME

Les hommes sont presque tous uniquement conduits par leurs passions, et leurs passions, ainsi qu'il vient d'être expliqué, les font ennemis les uns des autres. Mais leur existence ne va pas se passer pour cela dans une lutte continuelle de chaque homme contre chaque homme. D'abord il existe, comme nous avons vu, des passions qui rapprochent les hommes les uns des autres. Nous imitons les sentiments de nos semblables ; nous aimons volontiers ce qu'ils aiment, et nous haïssons ce qu'ils haïssent. Par suite, nous sommes portés plutôt, toutes choses égales, à faire ce qu'ils approuvent qu'à faire ce qu'ils blâment. Ce souci d'être approuvé, cette crainte d'être blâmé sont une des causes qui disposent les hommes, si esclaves qu'ils soient de leurs passions, à faire société les uns avec les autres. Mais il s'ajoute aux raisons de ce genre des raisons bien plus puissantes encore, qui résultent de la peine qu'ils ont à lutter contre les forces naturelles et à se procurer ce qui leur est nécessaire pour vivre. Deux individus unis sont plus puissants que ne serait chacun d'eux s'il était seul ; trois individus unis sont plus puissants que deux. Les hommes ont donc avantage à se réunir pour former une société.

Mais la société qu'ils forment leur serait inutile s'ils continuaient à vivre selon leur caprice, à pourvoir chacun à son existence suivant les moyens qui leur paraissent bons, à appeler bien uniquement ce qui leur plaît et mal uniquement ce qui leur déplaît, et s'ils s'appliquaient à conserver ce qu'ils aiment et à détruire ce qu'ils haïssent. Ils retomberaient par là même à l'état d'isolement. Pour qu'ils puissent vivre en paix les uns avec les autres, et s'aider les uns les autres, ils ont dû chacun sacrifier quelque chose de leurs désirs, et se promettre les uns aux autres de ne rien faire qui pût nuire au voisin. Mais comment des hommes qui sont, par hypothèse, esclaves de leurs passions, peuvent-ils former ainsi une société durable ? Comment les effets nécessaires des passions ne vont-ils pas rendre nulles toutes les promesses et violer toutes les lois ? Cela s'explique si l'on considère qu'une passion peut être détruite par une passion contraire. On comprend très bien, par exemple, qu'un homme s'abstienne de faire du mal à quelqu'un qu'il hait, par crainte d'un mal plus grand. Et c'est ainsi qu'une société peut s'établir et durer pourvu qu'elle se charge de punir ceux qui feront tort à leur voisin, et d'établir des lois appuyées sur la menace. Ainsi peut s'établir et durer la cité des esclaves, fondée sur la crainte.

Dans une telle cité on appellera bien ce qui est favorable à l'existence et à la durée de la cité, et mal ce qui y est contraire. On appellera péché ou faute, et l'on punira, tout ce qui sera contraire à la loi. On dira que les citoyens méritent, s'ils contribuent à fortifier et à maintenir la cité, et on dira qu'ils déméritent, si, au contraire, ils contribuent à affaiblir la cité. La disposition d'un citoyen à obéir à la loi et à contribuer à la sécurité commune sera dite vertu, et la disposition contraire sera dite vice.

L'approbation et la récompense seront attachées à l'une ; le blâme et la punition seront attachés à l'autre. Il y aura, dans cette cité, des hommes justes et des hommes injustes. Si, de plus, on ajoute à la puissance des lois celle de la superstition, et si l'on ajoute à la crainte des tribunaux et des peines infligées par les hommes, la crainte d'un Dieu cruel qui punira de plus les hommes après leur mort, tout dans cette cité donnera l'image parfaite de la paix, de la concorde, de la bonne foi et de la religion. Et pourtant les passions y seront reines, et toutes ces prétendues vertus résulteront seulement de la crainte que la société tout entière aura su inspirer a chacun de ses membres. C'est ce qu'il faut d'abord comprendre, afin de n'être pas trompé par ce faux bien, cette fausse justice, cette fausse vertu qui, s'ils rendent l'homme moins malfaisant, le font deux fois esclave.

Sans doute il peut arriver que, dans la cité des esclaves, on soit amené à considérer comme mauvaises des passions qui sont en effet mauvaises, comme la haine, l'envie, la jalousie, l'orgueil. Mais de telles passions ne sont alors considérées comme telles que pour la société et non pour l'individu lui-même. Aussi arrive-t-il que les hommes, dans certains cas, les jugent bonnes, et transforment des vices en vertus. Ils loueront, par exemple, celui qui hait les assassins et les voleurs, celui qui hait les ennemis du dehors ; ils loueront celui qui porte envie à son voisin si cette passion le pousse à se rendre utile à la société. Ils loueront l'orgueil, lorsque l'orgueil poussera les hommes à rechercher les éloges et à fuir le blâme, c'est-à-dire à agir conformément aux désirs du plus grand nombre et à l'intérêt commun. C'est pour cette raison aussi qu'ils mettront au nombre des vertus la honte, l'humilité, la pitié, et tous les sentiments du même genre, qui empêchent les hommes de nuire à leurs semblables, et contribuent ainsi au maintien de la paix. Celui qui veut connaître la vraie vertu et le vrai bien ne doit point s'arrêter à des considérations de ce genre, et il doit employer d'abord toute son attention à comprendre que même les passions qui sont toujours et en toutes circonstances considérées comme des vertus par les hommes qui vivent en société, n'en restent pas moins des passions, et ne peuvent être des vertus.

Posons d'abord que la tristesse est par elle-même mauvaise. Cela résulte de la définition même de la tristesse. La tristesse est le passage à une moindre perfection. La même chose, que j'appelle passage à une moindre perfection, si je considère la puissance d'agir d'un être, je l'appelle tristesse, si je considère la capacité qu'il a d'être heureux ou malheureux. Il ne faut donc pas dire que la tristesse peut être bonne, et qu'elle peut nous rendre plus parfaits. Cela ne peut avoir de sens que dans la cité d'esclaves que nous venons de décrire, où les citoyens sont bons et honnêtes dans la mesure où ils ont peur du châtiment. Comme la société serait détruite si les hommes n'éprouvaient la crainte ; la crainte, qui est ainsi la condition de l'existence de la cité, peut être dite bonne en ce sens. Et comme la crainte est une tristesse, en ce sens aussi, la tristesse peut être dite bonne. Et c'est aussi pour cela que les superstitions ou fausses religions, qui ne cherchent point à rendre réellement les hommes meilleurs, mais seulement à contenir leurs passions dans l'intérêt commun, font, de la crainte et de la tristesse, des vertus, comme aussi elles font, de la sécurité et de la joie, des vices, et imaginent un Dieu cruel et jaloux qui se réjouit des larmes et de la terreur des hommes, et qui s'irrite de leurs joies. Sans doute, tant que les hommes ne sont pas conduits par la Raison, il est bon qu'ils soient conduits par la crainte, afin qu'ils fassent à leurs semblables le moins de mal possible. Mais il ne faut pas être dupe de toutes ces conventions utiles, et croire que les hommes valent réellement mieux lorsque, par crainte du châtiment, ils ne cèdent plus à la haine ou à l'envie : ils ont changé d'esclavage, voilà tout.

De même la haine est toujours et nécessairement mauvaise, parce qu'elle est une tristesse. Et sans doute il y a des haines dont la société se trouve fortifiée ; ceux qui haïssent les vagabonds, les voleurs et les assassins et, en général, tous les ennemis de la société, ceux-là peuvent être dits bons citoyens, et, en ce sens, leur haine peut être dite juste. Elle n'en est pas moins tout à fait contraire à leur nature, puisqu'elle est une tristesse. Un homme qui passe de la haine des magistrats à la haine des criminels devient assurément plus utile ou moins dangereux qu'il n'était, mais il ne devient pas plus parfait, car la haine est toujours la haine, et la haine est toujours mauvaise.

La pitié même est une fausse vertu, une vertu d'esclave. En effet, la pitié est une tristesse, et la tristesse est, par elle-même, mauvaise. Et sans doute la pitié vaut encore mieux que rien. L'homme qui est facilement touché par la pitié fait rarement du mal à ses semblables, et souvent il est amené à leur faire du bien ; il contribue donc pour sa part à entretenir l'union et la concorde entre les citoyens, et ainsi à fortifier la cité. C'est pourquoi la pitié est considérée dans la cité des esclaves comme une vertu précieuse ; c'est pourquoi elle est louée et approuvée, et souvent, même récompensée, et cela est bien. Mais il ne faut pas croire que l'homme qui est atteint par la pitié soit réellement plus parfait : il est seulement moins dangereux.

Le repentir non plus n'est pas une vertu et celui qui se repent est deux fois malheureux, c'est-à-dire deux fois esclave. Car d'abord celui qui se repent a cédé à la passion ; il a été esclave une première fois lorsqu'il a agi ; et il est encore esclave lorsqu'il se repent, et il passe encore à une moindre perfection s'il se repent, puisque alors il est triste. Sans doute on comprend bien que le repentir soit considéré comme un acte de vertu dans la cité des esclaves ; en effet, plus les hommes sont sujets à regretter ce qu'ils ont fait, moins ils s'abandonneront à leurs passions, parce qu'ils craindront d'avoir ensuite à se repentir. Par le repentir, l'homme se punit lui-même ; il fait lui-même l'office de juge et de bourreau ; aucun sentiment n'est plus utile à la société que celui-là ; mais c'est en ce sens seulement qu'il peut être dit bon.

Il faut en dire autant de l'humilité. On comprend que la fausse Religion la mette au premier rang des vertus : l'homme humble est en effet plus facile à conduire et à satisfaire qu'un autre ; il se contente de peu, et se résigne aisément à la pauvreté et à la souffrance. C'est pourquoi, tant que les hommes ne sont pas conduits par la Raison, il faut souhaiter qu'ils soient plutôt humbles qu'orgueilleux, et qu'ils aient une faible idée de leur puissance, de leur vertu et de leur mérites : ils seront plus faciles à récompenser. C'est pourquoi aussi s'il faut pécher, mieux vaut pécher ainsi qu'autrement. Et, à vrai dire, ceux qui sont conduits par des passions de ce genre peuvent être amenés plus facilement que d'autres à la vie raisonnable. Mais pourtant l'humilité n'est pas vraiment bonne, puisqu'elle est une tristesse. Nous dirons la même chose de la honte, qui, elle aussi, est fort propre à maintenir la concorde entre les hommes, puisqu'elle règle les actions de chacun d'après l'approbation et le blâme des autres, mais qui est aussi une tristesse et qui, par cela même, est mauvaise. Il faut en dire autant du mépris de soi-même, et de tous les sentiments de ce genre.

La crainte de la mort et la méditation sur la mort sont considérées comme conformes à la sagesse par les fausses religions. En effet, parmi les passions qui peuvent empêcher les hommes de nuire à leurs semblables et de violer les lois, la crainte de la mort et des châtiments qui la suivent est une des plus puissantes. Un homme qui craint la mort, un homme qui pense souvent à la mort, et qui règle toute sa vie sur cette crainte et sur cette pensée, est donc moins dangereux qu'un autre. Mais pourtant méditer sur la mort n'est point conforme à la Raison, et ce n'est point en tant que nous avons des idées claires que nous pouvons penser à la mort. La mort, étant la négation de l'existence de l'âme, ne peut être, comme idée adéquate, donnée dans l'âme puisque aucun être n'est jamais détruit que par des causes extérieures. Ce n'est donc pas en tant que l'âme est et agit qu'elle pense à la mort ; c'est, au contraire, en tant qu'elle se représente autant qu'elle le peut sa propre destruction, c'est-à-dire en tant qu'elle pâtit, qu'elle y pense. Et du reste la crainte de la mort, et même la seule pensée de la mort, ne vont point sans tristesse, et par cela seul elles sont mauvaises. L'homme raisonnable pense à la mort moins qu'à toute autre chose : c'est sur la vie qu'il médite, et non sur la mort.

D'une manière générale, on peut dire que, pour la plupart des hommes, le bien ne résulte que de ce qu'ils évitent le mal, c'est-à-dire de ce qu'un mal en détruit un autre. Et les moralistes qui cherchent ainsi le bien dans la région du mal et de l'erreur ressemblent tout à fait au médecin qui donne à son malade, comme remède, une autre maladie qui détruira l'effet de la première. Les hommes oublient d'être, tellement ils pensent à ce qui peut diminuer ou sup-primer leur être. Ils agissent comme s'ils n'avaient aucune puissance d'être, aucune existence positive, et comme si la vertu n'était autre chose que l'absence du mal. De même pour le malade, vivre c'est ne pas mourir. Et il est clair que les hommes, en agissant ainsi, arrivent au même résultat, si on le considère de l'extérieur, que s'ils poursuivaient directement le bien. Ils marchent vers le bien, mais en lui tournant le dos. On peut dire littéralement qu'ils s'enfuient vers le bien, et qu'ils n'arrivent, par exemple, à la justice que par crainte de l'injustice, et à la charité que par peur de la violence. Or, quelle est la valeur de ce progrès pour chacun d'eux ? Elle est nulle, et leur tristesse en est la preuve. Être conduit par la crainte, qui est une tristesse, à éviter un mal, dont la seule pensée est aussi une tristesse, ce n'est point devenir plus parfait, puisque c'est être triste. Nous ressemblons au malade qui mange sans appétit, par crainte de la mort ; sans doute, ce malade peut arriver ainsi à éviter la mort, ce qui est un résultat ; mais ce résultat est bien plus sûrement atteint par celui qui, étant en bonne santé, se réjouit de manger ; et ce dernier évite bien plus sûrement la mort que s'il désirait directement l'éviter. De même le juge qui condamne sans haine et sans colère, en pensant seulement au bien public, jugera bien mieux que celui qui s'irrite et s'attriste, et travaillera plus efficacement que lui à défendre la société. L'homme raisonnable doit donc rechercher directement le bien, et éviter indirectement le mal.

La seule pensée du mal est mauvaise. En effet, la connaissance du mal n'est rien de plus que la tristesse, en tant que nous en avons conscience ; s'il en était autrement, nous dirions seulement que nous pensons au mal, mais nous n'y penserions pas. Or, la tristesse est le passage à une moindre perfection ; elle ne peut donc être expliquée par la seule essence de l'homme ; elle implique, comme nous l'avons fait voir, la connaissance des choses extérieures. C'est dire que la connaissance du mal dépend d'idées confuses ou inadéquates, c'est-à-dire est elle-même confuse et inadéquate ; penser le mal, c'est penser mal.

C'est pourquoi le sage, lorsqu'il parlera en public, parlera le moins possible des vices et de l'esclavage de l'homme, et le plus possible, au contraire, du bien, de la liberté, de la vertu et des moyens par lesquels on peut amener les hommes à n'être plus conduits par la crainte ou par l'aversion, mais seulement par la joie. Le mal en lui-même n'est rien ; parler du mal, c'est ne parler de rien ; et tous les discours du monde sur la faiblesse et la sottise des hommes ne peuvent que les attrister ou les mettre en colère, ce qui, bien loin de les amener à la vie heureuse, au contraire, les en éloigne.

On voit par tout ce qui précède que, si l'âme humaine n'avait que des idées adéquates, jamais elle ne formerait la notion du mal. Si les hommes naissaient libres, c'est-à-dire raisonnables, ils ne formeraient non plus aucun concept du bien ; car le bien et le mal sont deux contraires qui n'ont de sens que l'un par l'autre. Et c'est ce qu'exprime bien le mythe du Paradis terrestre : la déchéance des hommes est liée à ce fait qu'ils ont goûté à la connaissance du bien et du mal ; et Dieu leur avait bien annoncé que, s'ils y goûtaient, à partir de ce moment-là ils cesseraient d'aimer la vie et ne feraient plus que craindre la mort. Telle est bien l'existence que nous venons de décrire, celle des hommes qui vivent en esclavage. Et c'est l'esprit du Christ qui peut les ramener à la liberté, entendons par là l'idée de Dieu de la seule connaissance de laquelle dépendent la liberté et le bonheur de l'homme.

V

DE LA RAISON

Ainsi vont les choses dans la cité de crainte et de tristesse. Et tous ceux qui réfléchissent veulent sincèrement sortir de là ; tous savent et comprennent qu'aucun bien réel ne peut résulter de la rencontre de plusieurs maux, ni aucun bonheur réel de la lutte entre le désir et la crainte. En vain nous cherchons à faire, d'une réunion d'esclaves, une cité libre. En vain nous cherchons à vaincre une opinion par une autre. C'est comme si nous prétendions combattre l'erreur par l'erreur. Tant que nous nous contentons de penser d'après les modifications du corps, tant que nous sommes conduits par l'imagination, nous ne gagnons rien à remplacer quelque imagination plus nuisible par quelque autre qui le soit moins ; jamais, dans cette région des idées confuses, nous ne trouverons quelque chose qui ressemble au vrai. Le jeu de nos passions est tout à fait indépendant de la fausseté ou de la vérité des connaissances. Par exemple, une crainte fausse peut bien être supprimée par une nouvelle vraie que nous apprenons ; mais une crainte légitime peut aussi bien être détruite par une nouvelle fausse. Tant que nous travaillons à combattre un mal par un autre, nous considérons le vrai comme indifférent ; nous ignorons, nous oublions notre être pour nous occuper uniquement de ce qui n'est pas nous ; nous ne pensons qu'aux différentes manières de n'être pas nous choisissons entre une mort et une autre.

Aussi beaucoup d'hommes pensent se faire libres en s'affirmant libres, en allant contre leur propre intérêt, en s'insurgeant contre la crainte, en renonçant à tout ce que le vulgaire appelle des biens, en vivant pour autre chose que pour eux-mêmes, pour un Dieu, ou pour une idée. Et le triomphe de la liberté humaine leur paraît être d'accepter volontairement la mort, ou même d'aller au-devant d'elle par le suicide.

En réalité, ceux qui pensent ainsi sont tout aussi esclaves que les autres. D'abord il ne suffit pas de nier la puissance des passions pour s'en affranchir ; il ne suffit pas d'invoquer contre elles quelque idée supérieure qui les mettra en fuite comme le jour chasse les ténèbres. Nul ne peut faire que l'homme n'ait pas de passions, parce que nul ne peut faire que l'homme ne soit pas une partie de la nature. Le vrai fait apparaître l'erreur, il la dénonce, mais il ne la détruit pas. Ce qu'il y a de positif dans l'idée fausse ne peut être supprimé par la présence du vrai, car toute idée rapportée à Dieu est vraie, et l'idée vraie ne peut être détruite par l'idée vraie. Or, comme il y a une vérité de l'erreur, il y a une vérité des passions. L'homme n'est qu'une partie de la nature ; par suite, il imagine nécessairement et est nécessairement sujet à la crainte et à l'espérance. Par exemple, nous imaginons que le soleil est à deux cents pas, en quoi nous nous trompons. Lorsque nous connaissons par le raisonnement la distance vraie du soleil, nous reconnaissons que nous nous trompons en l'imaginant à deux cents pas, et en ce sens on peut dire que nous ne sommes plus dans l'erreur ; mais nous n'en continuons pas moins à avoir cette idée du soleil à deux cents pas, d'après l'action du soleil sur notre corps, parce que nous ne pouvons pas faire que nous n'ayons point de corps et que le soleil n'agisse pas sur notre corps. Le plus grand savant du monde n'arrive pas à voir le soleil là où il sait pourtant que le soleil est ; de même le plus grand savant du monde n'arrivera pas à ne plus voir dans un miroir les images des objets, quoiqu'il sache très bien que ces images sont trompeuses. Le monde de l'imagination est donc hors de l'atteinte du vrai ; la passion s'y développe et y produit ses effets selon des lois nécessaires ; il y a en Dieu une vérité de l'erreur et une vérité des passions.

De plus, il est facile de montrer que ceux qui prétendent oublier leur intérêt et leur être, et se sacrifier à quelque autre chose, sont, plus encore que les autres, dominés par les causes extérieures. L'effort par lequel un être quelconque persévère dans son être est défini par la seule essence de cet être ; il existe par lui-même, et son existence positive n'est que la manifestation de sa nature individuelle. Tout ce qui est hors de lui, tout ce qui est autre que lui ne peut qu'exclure ou limiter son être. Par suite, dans la mesure où les actions d'un être s'expliquent par quelque chose d'extérieur à lui, cet être pâtit ; des actions de ce genre ne peuvent donc, sans contradiction être attribuées à lui il n'en est pas la cause adéquate, il n'en est que la cause partielle. Et plus il s'oubliera lui-même, plus il sera déterminé à agir par les événements, moins il aura de puissance, moins il s'affranchira.

Nul ne néglige de conserver son être, à moins d'être vaincu par des causes extérieures et contraires à sa nature. C'est toujours forcé par des causes extérieures qu'un homme repousse les aliments ou se donne la mort. Un homme qui se donne la mort parce qu'un autre le force, en lui tordant la main, à se percer avec sa propre épée, ne se tue point réellement, il est tué. Or, il en est de même pour Sénèque qui reçoit du tyran l'ordre de s'ouvrir les veines, et obéit afin d'éviter, par un mal moindre, un mal plus grand. Il en est de même encore pour celui qui, par l'effet de causes extérieures qu'il ignore, est modifié à ce point que son corps revêt une nature nouvelle, contraire à l'ancienne, et dont l'idée ne peut être donnée dans l'âme : un tel état n'est pas autre chose que la fin de l'existence du corps dont l'âme était l'âme, et, par suite aussi, la fin de l'existence de l'âme ; et il importe peu alors que l'homme se tue ou qu'il se laisse mourir : les causes de sa mort sont les mêmes dans les deux cas. Quant à supposer que l'homme, par la nécessité de sa nature, s'efforce de ne pas exister ou de revêtir une autre nature, cela est aussi absurde que de prétendre que de rien il peut résulter quelque chose.

Il est donc impossible à l'individu de mutiler sa propre nature, et de trouver quelque raison de vivre extérieure à sa propre nature ; car la raison de vivre et la volonté de vivre ne sont pas autre chose dans un être que son essence même, en tant qu'elle exclut d'elle-même tout ce qui la nie. En vain nous cherchons à désirer quelque chose qui nous soit extérieur, et que nous appelons le bonheur, le bien ou la vertu : nul ne désire être heureux, bien agir, vivre selon la vertu qui ne désire en même temps être, agir et vivre, c'est-à-dire exister en acte. Avant de désirer quoi que ce soit, je désire être. Tout désir qui n'enferme point celui-là ne vient point de moi ; il est un faux désir ; il m'est imposé par les choses extérieures. L'effort pour se conserver est donc le premier et l'unique fondement de la vertu. Vertu c'est puissance; et l'homme n'a point de puissance hors de sa nature individuelle ; toute sa puissance est définie par son essence individuelle, c'est-à-dire par son effort pour persévérer dans l'être. Donc, plus un être s'efforce de chercher ce qui lui est utile, c'est-à-dire de conserver son être, plus il a de vertu et au contraire un homme est esclave dans la mesure où il néglige de chercher ce qui lui est utile, c'est-à-dire de conserver son être.

Il faut partir de là pour fonder l'existence raisonnable et libre, au lieu de commencer par vouloir détruire toute la puissance réelle de l'homme. Et c'est pourquoi il ne faut pas chercher à supprimer toute cette vie passionnelle qui résulte de notre effort pour persévérer dans l'être ; la détruire, c'est détruire le corps, c'est supprimer par conséquent l'existence de l'âme ; c'est vouloir une vertu, qui ne soit la vertu de personne ; c'est supposer que la perfection consiste à abandonner son être et à en prendre un autre ; et cela n'est pas plus raisonnable que si l'on disait que ce serait un bien pour un cheval de devenir un lion ; car pour un cheval il ne peut y avoir d'autre bien que d'être cheval le mieux possible, et pour tel cheval il ne peut y avoir d'autre bien que d'être tel cheval le mieux possible. Il ne faut point essayer de remplacer la vie passionnelle par la vie raisonnable ; il faut superposer la vie raisonnable à la vie passionnelle.

Disons donc que la vertu consiste uniquement à agir d'après les lois de sa propre nature, c'est-à-dire à faire des actions qui soient explicables par elle ; que la vertu ne diffère pas de l'effort par lequel on persévère dans l'être, et que le bonheur consiste à pouvoir conserver son être ; que, par suite, la vertu doit être recherchée pour elle-même, et qu'il n'y a rien au monde qui soit plus utile qu'elle, et à cause de quoi nous devions la rechercher. Disons enfin que rien au monde ne peut limiter légitimement le droit naturel d'un être quelconque ; un être a naturellement juste autant de droit qu'il a de puissance ; tout ce qu'il fait est donc juste et bon, et tout ce pourquoi son action ou sa puissance sont diminués est mauvais pour lui ; le bien, pour lui, c'est d'être et d'agir le plus possible, le mal, c'est d'agir moins et d'être moins.

C'est pourquoi, de même que nous avons dit que la tristesse est toujours un mal, puisqu'elle est le signe certain de notre passage à une moindre perfection et qu'au fond elle n'est pas séparable, sinon par le discours, de ce passage, de même, nous dirons que la joie est toujours un bien, parce qu'elle est le signe certain de notre passage à une plus grande perfection. Nous le dirons, d'abord parce que notre joie nous indique que notre corps existe mieux et a une plus grande puissance d'agir ou, si l'on veut, de vivre, et qu'à l'existence de notre corps est liée l'existence de notre âme. Nous le dirons aussi parce que la perfection, de notre corps, et sa puissance d'agir comme aussi d'être modifié, est liée à la perfection de notre âme. Supposons, quoique cela soit à peine concevable, une âme sans un corps : elle serait réduite à une monotone contemplation d'elle-même, et ne serait conduite à se représenter l'essence d'aucune chose particulière. Donc, tout ce qui augmente la puissance d'agir de notre corps, tout ce qui le rend capable de plus d'actions et de plus de modifications, tout cela est conforme à la Raison.

Mais toutefois il importe de distinguer, parmi les joies, celles qui sont rapportées à une partie déterminée du corps, et que l'on appelle les plaisirs, et celle qui est rapportée au corps tout entier, que l'on appelle la gaieté. Le plaisir n'a rien par lui-même de mauvais ; mais il est le signe de la puissance d'agir d'une partie déterminée du corps à l'exclusion des autres, et en ce sens il peut être dit mauvais ; car l'existence du corps comme individu suppose la puissance d'agir de toutes ses parties ensemble et non pas de quelques-unes seulement. Nous nous défierons donc des plaisirs qui ont leur siège dans une partie déterminée du corps, et nous aurons au contraire une pleine confiance dans la gaieté, qui est, peut-on dire, la joie du corps tout entier.

Un tel plaisir ne peut avoir d'excès, il nous assure que nous passons à une plus grande perfection: « Assurément une triste et farouche superstition peut seule nous défendre de nous réjouir, car pourquoi conviendrait-il plutôt de chasser la faim et la soif que de chasser la mélancolie ? Telle est la manière de vivre que j'ai adoptée. Une divinité hostile pourrait seule se réjouir de ma faiblesse et de ma souffrance, et faire honneur à la vertu de mes larmes, de mes sanglots, de mes craintes, et de toutes les choses de ce genre, qui sont la marque d'une âme faible. Au contraire, par cela seul que nous éprouvons plus de joie, nous passons nécessairement à une plus grande perfection, et nous participons davantage de la nature divine. C'est pourquoi il convient que le sage use des choses et en tire de la joie autant que cela se peut (non pas certes jusqu'au dégoût, car le dégoût n'est pas de la joie). Il convient, dis-je, que le sage mange et boive avec modération et avec plaisir, qu'il jouisse des parfums, de la beauté des plantes, des ornements, de la musique, des jeux, du théâtre, et, en un mot, de tout ce dont on peut user sans faire tort aux autres. Car le corps humain est composé de beaucoup de parties de nature diverse qui ont continuellement besoin d'un aliment nouveau et varié, afin que tout le corps soit également apte à faire tout ce qui peut suivre de sa nature, et que, par conséquent, l'âme soit, elle aussi, également apte à comprendre à la fois plus de choses. »

Mais pourtant avoir un corps, et s'occuper de conserver l'être du corps, cela ne constitue pas toute l'activité dont l'âme est capable, ni même sa vraie activité, Sans doute il faut d'abord être, et pour être, vivre, et nul ne peut vivre sans dépendre des événements. Mais, dans cette vie une fois donnée, il y a place pour quelque action réelle de l'âme, qui nous permet d'étendre notre perfection et notre bonheur bien au delà de notre santé. Qu'est-ce qu'agir réellement ? L'âme, avons-nous dit, agit en tant qu'elle a des idées adéquates, et pâtit en tant qu'elle a des idées inadéquates. Or il n'y a pas dans l'âme autre chose que des idées. Donc toutes les actions de l'âme résultent des seules idées adéquates ;

toutes les passions de l'âme résultent des seules idées inadéquates. Or sommes-nous condamnés à rester dans la région des événements, de l'imagination et des idées inadéquates ? Non. Nous sommes capables de concevoir clairement et distinctement des essences, et de déduire de ces idées adéquates d'autres idées adéquates. Par exemple, je puis concevoir un triangle en le formant au moyen de trois droites qui se coupent deux à deux, et déduire de là certaines propriétés nécessaires du triangle ; je puis concevoir une sphère comme engendrée par la rotation d'un demi-cercle, et déduire de là certaines propriétés de la sphère ; cette connaissance est celle que nous avons appelée connaissance du deuxième, genre, ou raison. Et, comme de telles déductions ne dépendent d'aucun événement, comme elles n'attendent point, pour être vraies, qu'un triangle ou une sphère soient connus par nous comme existant actuellement, elles ne dépendent point des modifications du corps qui enferment la présence des objets, elles s'expliquent par la seule nature de notre âme, elles sont au sens plein du mot, des actions.

Or, lorsque l'âme se conçoit elle-même, et conçoit sa puissance d'agir, elle se réjouit nécessairement ; et, d'autre part, l'âme se contemple nécessairement elle-même lorsqu'elle conçoit une idée adéquate, c'est-à-dire une idée vraie. Donc l'âme se réjouit dans la mesure où elle conçoit des idées adéquates, puisque alors elle agit réellement, et qu'elle sait qu'elle agit. Disons donc que la connaissance du deuxième genre ou la Raison est une source de joie. La Raison se superpose à la vie passionnelle ; mais elle ne se développe point à part ; elle est sentiment, elle est joie ; par là elle modifie tout notre être, et elle le modifie d'autant plus que le sentiment qui accompagne l'exercice de la Raison est toujours joie et jamais tristesse, toujours désir et jamais aversion. La tristesse ne peut, en effet, résulter que de ce que l'âme pâtit, de ce que l'âme dépend des causes extérieures ; elle ne peut donc jamais résulter pour l'âme de l'exercice de la Raison.

Aussi ce qui nous est véritablement utile, ce qui nous est utile par-dessus tout, c'est d'user de notre Raison. La véritable vertu, c'est la puissance même ; elle consiste à être le plus possible et à agir le plus possible. Et comme nous n'agissons réellement qu'en tant que nous avons des idées adéquates, notre véritable vertu et notre véritable intérêt est à user le plus possible de notre Raison. Agir conformément à la vertu, c'est donc agir conformément à la Raison ; c'est agir d'après les lois de sa nature propre ; c'est faire des actes dont on est la cause suffisante ou adéquate. La Raison ne peut donc nous conduire à autre chose qu'à comprendre, et c'est dans l'acte de comprendre que se réalise le mieux et le plus complètement notre effort pour persévérer dans l'être. « Nous ne connaissons rien avec certitude comme bon et mauvais que ce qui nous conduit certainement à comprendre, et ce qui peut nous empêcher de comprendre. » Hors des idées adéquates nous ne sommes sûrs de rien, et les idées adéquates excluent tout autre désir que celui de comprendre.

Mais une connaissance adéquate n'est possible que par l'idée de Dieu, car tout est en Dieu et est conçu par lui. Il suit de là que « le souverain bien de l'âme est la connaissance de Dieu, et la suprême vertu de l'âme est de connaître Dieu ». Sans doute, la connaissance du deuxième genre ou Raison n'est encore que la connaissance des essences déduites les unes des autres, d'après la connaissance de la nature d'un attribut de Dieu, l'étendue. Ce n'en est pas moins par la connaissance de Dieu, et non pas par la connaissance confuse des événements, que nous pouvons être sauvés de l'ignorance et du malheur. Et cela ne veut point dire que, par le seul fait que nous contemplons des essences comme le cercle, la sphère, le cône, et que nous en étudions les propriétés nécessaires, nous cessions d'avoir des idées confuses et d'être sujets à la douleur et à la crainte : il faudrait pour cela que nous n'eussions plus de corps, et alors notre âme ne pourrait plus être dite exister. Cela veut dire qu'une partie de notre existence est consacrée à des pensées qui ne dépendent point des événements, et qui sont pour nous une source certaine de joie, parce qu'elles sont réellement des actions : d'où il suit que, par la connaissance du deuxième genre ou Raison, nous sommes, toutes choses égales, certainement plus puissants et plus heureux que si nous étions réduits à la connaissance des événements.

Mais la puissance de la Raison s'étend encore plus loin, jusque dans le domaine des idées confuses et des passions, et, si elle ne peut nous en affranchir complètement, du moins elle ne peut faire que nous en soyons moins les esclaves. L'homme raisonnable se distingue bien moins des autres par sa manière de vivre et par ses actes que par sa disposition intérieure. Les mêmes actes que les autres font sous l'empire de la crainte et de la pitié, l'homme raisonnable peut, lui aussi, les faire sans cesser d'être raisonnable, car nous pouvons être déterminés par la raison à faire toutes les actions auxquelles nous sommes poussés par une passion. En effet, en tant qu'une passion est passion, elle ne nous fait jamais agir ; au contraire, elle diminue notre puissance d'agir. Donc, en tant qu'une passion nous fait agir, elle est conforme à la Raison et la Raison peut la remplacer. L'homme raisonnable n'a donc pas à craindre, en suivant la Raison, de mutiler sa propre nature. Tout ce dont la Raison le détourne n'est point action, mais passion, et toutes les fois qu'une action résulte vraiment de la nature d'un homme même conduit par la passion, et non pas des circonstances, on peut être sûr qu'il serait encore conduit à la faire s'il était raisonnable. Ainsi l'homme passionné tantôt combat et s'expose au péril dans une guerre, et tantôt s'enfuit, suivant qu'il est poussé par la crainte ou par une audace aveugle. Or l'homme raisonnable est capable, lui aussi, par raison, tantôt de fuir, tantôt de combattre ; et ces deux actions opposées, qui manifestent l'esclavage de l'homme passionné, manifestent également toutes deux la puissance et la vertu de l'homme raisonnable ; il est, en effet, aussi difficile de triompher de l'audace que de triompher de la crainte. Tandis que dans l'homme passionné l'une de ces deux passions peut être vaincue par l'autre, chez l'homme raisonnable elles sont, tour à tour, toutes deux vaincues par la Raison. L'homme raisonnable saura donc s'exposer au danger, sans être conduit par une aveugle audace, et se mettre à l'abri sans être conduit par la crainte. De même, il saura punir sans être conduit par la crainte, et, ce que les hommes passionnés font sous l'empire de la colère ou de la peur, il le fera, lui, par amour pour la paix publique.

Mais il y a plus ; l'homme raisonnable l'emportera sur l'homme passionné lorsqu'il s'agira de choisir de deux maux le moindre et de deux biens le plus grand, c'est-à-dire lorsqu'il s'agira non plus de former des idées adéquates, mais de vivre au milieu des événements. En effet, celui qui conçoit les choses conformément à la raison est tout autant ému par l'idée d'une chose future ou passée que par l'idée d'une chose présente ; car tout ce que l'âme conçoit conformément à la raison, elle le conçoit comme nécessaire, c'est-à-dire comme éternel hors du temps ; c'est pourquoi l'idée que l'homme raisonnable se fait d'une chose est la même, que cette chose soit présente, passée ou à venir. Il résulte de là que seul l'homme raisonnable est capable de comparer un bien présent et un bien à venir, un mal présent et un mal à venir ; ainsi il est plus capable qu'un autre de se diriger dans la vie. L'homme ignorant, au contraire, est bien plus ému par un événement présent que par un événement qu'il imagine comme lié à un temps à venir, et ainsi, agissant toujours bien plutôt d'après le présent que d'après l'avenir, il est perpétuellement puni de son imprudence.

La prudence chez l'homme raisonnable, alors même qu'elle le conduit à agir comme agirait un homme passionné, ne le rend donc pas esclave. Ce que les autres hommes font parce que les événements les y poussent, il le fait, lui, parce qu'il le veut, et il le veut dans la mesure où il use de sa Raison, dans la mesure où il forme des idées adéquates. Il faut bien considérer, en effet, que la puissance d'agir de l'âme se définit par les seules idées adéquates, et non pas du tout par telles ou telles actions du corps. Une passion ne se définit donc point par de certains actes, mais par les idées confuses qui accompagnent les actes. « Un sentiment qui est une passion cesse d'être une passion lorsque nous en formons une idée claire et distincte. » Et sans doute nous ne pouvons comprendre complètement une passion : notre joie et notre tristesse, en tant qu'elles sont liées à l'état de l'Univers en même temps qu'à la santé de notre corps, ne peuvent être absolument comprises ; mais tout ce que nous y ajoutons pour en faire l'Amour et la Haine, l'Espérance et la Crainte, toutes ces idées confuses par lesquelles nous grossissons la tristesse et la joie jusqu'à remplir d'elles toute notre âme, nous pouvons en former des idées claires et distinctes. C'est ce que nous avons fait en traitant des passions; et c'est ce que chacun peut faire à propos d'une passion particulière. Ajoutons à cela que la Raison, qui nous fait concevoir toutes choses comme nécessaires, diminue par là même et nécessairement l'amour et la haine dont les choses extérieures sont l'occasion ; nous aimons et nous haïssons en effet beaucoup plus une chose que nous supposons libre qu'une chose que nous concevons comme nécessaire ; et c'est ainsi que la puissance des idées claires, sans pouvoir détruire les passions, peut du moins sauver des passions tout ce qui, en elles, vient de nous, c'est-à-dire tout ce qui est vraiment action. Toute idée claire que nous formons diminue notre esclavage et augmente notre liberté.

Et il faut se garder par-dessus tout de croire que l'homme qui vit selon la Raison est inutile aux autres, qu'il ne peut former société avec eux, et qu'il vit à l'écart de la cité. L'homme raisonnable est conduit, au contraire, en suivant sa propre nature, en cherchant sa propre utilité, à fonder et à conserver une cité dans laquelle tout se passera comme dans la cité des esclaves, avec cette différence que, ce que les autres font avec tristesse et par crainte, il le fera, lui, sans crainte et avec joie.

Aucune chose ne peut être mauvaise pour nous par ce qu'elle a de commun avec notre nature. En effet, si une chose pouvait nous nuire par ce qu'elle a de commun avec nous, ce qu'elle a de commun avec nous nuirait en nous à lui-même, ce qui est absurde. De plus, par ce qu'elle a de commun avec nous, une chose est nécessairement bonne pour nous. En effet, elle ne peut être mau-vaise. Posons qu'elle est indifférente ; c'est donc qu'il ne résulte rien de la nature de cette chose qui soit utile ou nuisible à notre conservation, ni, par suite, à sa propre conservation, puisque nous considérons ce qui est commun à la chose et à nous ; or cela est impossible, car tout ce qui compose l'essence d'une chose contribue à la conserver. Donc toute chose, par ce qu'elle a de commun avec nous, est nécessairement bonne pour nous. Or, les hommes, en tant qu'ils ont des passions, peuvent bien être considérés comme différents les uns des autres et contraires les uns aux autres ; mais, en tant qu'ils vivent selon la raison, ils ont nécessairement une nature commune, puisque par la raison ils conçoivent tous nécessairement le même bien et le même mal, autrement dit le vrai bien et le vrai mal, puisqu'ils conçoivent tous nécessairement, en tant qu'ils sont raisonnables, la même vérité éternelle et le même Dieu. Il y a donc une nature humaine réellement commune à tous les hommes, et qui est la Raison même. Et c'est pourquoi il n'y a rien au monde qui soit aussi utile à un homme raisonnable qu'un homme raisonnable. Par suite, plus les hommes chercheront réellement ce qui leur est utile, c'est-à-dire, ainsi qu'on l'a montré, plus ils seront raisonnables, et plus ils seront utiles les uns aux autres. Donc, plus les hommes seront raisonnables, et plus la cité, qui est fondée sur l'utilité qu'un homme peut tirer d'un autre homme, sera prospère et durable.

Enfin, ce qui est le souverain bien pour les hommes raisonnables est commun à tous et peut faire en même temps la joie de tous. Les hommes ignorants, même lorsqu'ils sont unis les uns aux autres par la crainte, sont toujours divisés par la convoitise ; cela vient de ce qu'ils sont portés de tout leur désir vers des choses matérielles que nul ne peut posséder sans en priver les autres. L'homme raisonnable, au contraire, en tant qu'il est raisonnable, ne désire rien autre chose que comprendre, et le souverain bien, pour lui, c'est de connaître Dieu ; or tous les hommes peuvent en même temps connaître Dieu. Seule parmi tous les biens, la vérité peut être toute à tous. Bien plus, l'homme raisonnable désire aussi pour les autres hommes le souverain bien qu'il désire pour lui. En effet, rien n'est plus utile à un homme raisonnable qu'un homme raisonnable. Tout homme raisonnable s'efforcera donc nécessairement de faire que les autres hommes soient raisonnables. Ainsi, de quelque façon qu'on la considère, la raison ne peut jamais diviser les hommes, mais au contraire elle les unit. Partout où il y a un homme raisonnable, là est déjà le germe de la cité heureuse.

Que si l'homme raisonnable se heurte à la haine, à la colère, au mépris, il ne sera point porté à rendre le mal pour le mal ; au contraire, il s'efforcera autant que possible de vaincre la haine et les injures par l'amour. En effet, la haine, étant tristesse, est toujours mauvaise et c'est pourquoi l'homme raisonnable s'efforcera de ne pas éprouver la haine. Mais comme il veut que les autres soient aussi raisonnables, il s'efforcera de faire que les autres n'éprouvent point la haine, et, pour y parvenir, il les aimera. Et tandis que « celui qui veut répondre aux injures par la haine vit dans la tristesse et le chagrin, celui qui veut vaincre la haine par l'amour combat joyeusement et sans crainte. Il triomphe aussi bien d'un grand nombre d'ennemis que d'un seul, et n'a point du tout besoin du secours de la fortune. Ceux qu'il parvient à vaincre sont joyeux d'être vaincus ; et, vaincus, ils ne sont pas moins forts ; au contraire, ils sont plus forts ».

Pour des raisons du même genre, l'homme raisonnable agit toujours de bonne foi, et il est incapable de perfidie. Il est certain que les hommes qui sont conduits par leurs passions arrivent à une espèce de sincérité et de bonne foi parce qu'ils y sont forcés par des causes extérieures, parce que sans la bonne foi la société ne pourrait durer, et que, sans la société, eux-mêmes ne pourraient pas vivre. Ils sont donc conduits à la bonne foi par la peur, c'est-à-dire par ce que l'on appelle communément leur intérêt. Seulement cette bonne foi ne vient pas d'eux ; elle n'est pas explicable par leur seule nature ; les événements la leur imposent ; ils sont aussi esclaves lorsqu'ils tiennent leurs promesses que lorsqu'ils les violent ; et de plus on peut toujours imaginer une circonstance dans laquelle ils auront intérêt à être perfides et à trahir leurs concitoyens, par exemple, lorsqu'une mort immédiate les menacera. L'homme raisonnable, lui, agit toujours de bonne foi, et pour de tout autres raisons. Supposons qu'un homme raisonnable soit conduit par la raison à quelque perfidie ; la perfidie serait alors une vertu, et tout homme devrait, pour conserver réellement son être, être perfide ; d'où il suivrait que les hommes ne s'accorderaient les uns avec les autres qu'en paroles, et qu'en réalité les hommes seraient contraires les uns aux autres ; la société serait un mensonge et non une vérité. Or la société est une vérité : au point de vue de la raison, rien n'est plus utile à l'homme que l'homme. L'homme raisonnable, s'il était conduit par la Raison à quelque perfidie, serait donc conduit par la Raison à nier ce que la Raison le conduit à affirmer, ce qui est absurde. Donc, par la seule puissance de sa définition complète, par la seule force qui exclut de son essence toute contradiction, l'homme raisonnable est conduit à agir toujours de bonne foi. Et quand même il pourrait, par un acte de perfidie, échapper à une mort imminente, la Raison ne le conduirait pas à être perfide. Car le fait que la mort est présente ne peut empêcher une contradiction d'être une contradiction, ni faire que l'être raisonnable puisse nier et affirmer en même temps la même chose.

En résumé, ce que les ignorants font par peur, obéir aux lois et veiller au salut commun, l'homme raisonnable le fait par raison. Les mêmes actes qui sont imposés aux autres par des causes extérieures, c'est-à-dire par la crainte ou par l'espoir, sont, chez l'homme raisonnable, le résultat de sa nature. Les autres, en tant qu'ils font ces actes, pâtissent ; lui, en tant qu'il les fait, il agit. Par les lois mêmes de sa nature, et quelles que soient les circonstances, l'homme raisonnable contribue à fonder la cité et à la maintenir. Son amour de la cité vient réellement de lui, et non du malheur des temps. Par lui la cité des esclaves devient, tout en restant la même, la cité des hommes libres. Ce que peuvent faire deux haines, en se rencontrant et en se limitant l'une l'autre, deux hommes libres, en développant librement toute leur nature, le font bien mieux et bien plus sûrement. La plus parfaite liberté fait plus pour la paix que le plus rigoureux esclavage. L'intérêt général, pour des hommes passionnés, n'est, à dire vrai, qu'une abstraction ; il est fait d'intérêts particuliers qui ne sont unis que parce qu'ils sont contraires les uns aux autres, qui s'appuient les uns sur les autres comme des pierres dans un édifice. Il n'y a réellement d'intérêt commun que pour les hommes raisonnables, parce que la raison leur est réellement commune, parce qu'ils ont tous en eux le même Dieu. Eux seuls peuvent, tout en obéissant aux lois, développer librement toute leur nature. Eux seuls ne sont point diminués ni mutilés par la vie en commun. Pour les autres, l'union fait la force ; pour eux seuls, l'union fait la joie. « L'homme qui est conduit par la raison est plus libre dans la cité, où il obéit aux lois, que dans un désert, où il n'obéirait qu'à lui-même. »

VI

DE LA LIBERTÉ ET DE LA BÉATITUDE

La Raison, comme on vient de le voir, déjà nous délivre et nous sauve de la tristesse. Au fond, c'est Dieu qui nous sauve et nous délivre. Si nous n'étions pas en Dieu, si nous n'étions pas une partie de la pensée infinie de Dieu, nous ne pourrions enchaîner correctement les unes aux autres des idées éternelles comme le cercle et la sphère, ni déduire de leurs définitions leurs propriétés nécessaires. Ce n'est pas en effet en tant que nous affirmons, d'après les modifications de notre corps, la présence d'un être à tel moment et pendant une certaine durée, que nous pouvons avoir quelque idée adéquate : la connaissance des événements est, pour l'homme, nécessairement et par sa nature inadéquate.

C'est parce que Dieu est, et parce que notre âme en tant qu'idée, participe de la nature éternelle de Dieu, que nous pouvons trouver dans l'usage de la

Raison une existence supérieure à côté de laquelle nos passions sont déjà peu de chose. Seulement, tant que nous n'avons pas réfléchi sur les conditions du vrai, nous pouvons ignorer tout cela, nier Dieu et l'éternité de l'âme, et néanmoins vivre selon la Raison. Beaucoup d'hommes vivent ainsi heureux par Dieu en ignorant Dieu, et libres par la Pensée sans savoir ce que c'est que la Pensée. Et, pendant qu'ils disent que tout est matière, ils se consolent en raisonnant sur les essences et en les expliquant l'une par l'autre selon la Raison. Ainsi, en même temps qu'ils méconnaissent Dieu, leur sagesse prouve Dieu. Par la puissance même des idées adéquates, ils vivent sans haine et sans tristesse. Ils obéissent volontiers aux lois, contribuent pour leur part à la prospérité de la cité, et s'efforcent, autant qu'ils le peuvent, de faire que les autres hommes vivent aussi selon la Raison.

De quoi le vulgaire s'étonne souvent. Car la plupart des hommes croient qu'ils sont libres quand ils peuvent obéir à leur caprice, et ne cèdent un peu de cette liberté que parce qu'ils attendent un châtiment ou une récompense dans une autre vie. Ils se disent que s'ils n'avaient pas cette crainte et cette espérance, s'ils ne croyaient ni à Dieu, ni à l'éternité de l'âme, ils s'affranchiraient du joug de la vertu. Mais l'homme raisonnable n'a pas besoin d'être ainsi dominé par la crainte et par l'espérance pour être juste et bon. Même lorsqu'il croit que Dieu n'est pas et que l'âme périra avec le corps, il n'en vit pas moins selon la vraie Religion. Et si on lui demandait pourquoi il règle ainsi sa vie, puisqu'il ne croit pas qu'il y ait une âme et un Dieu, il trouverait cette question aussi absurde que si on lui demandait pourquoi, puisqu'il ne pourra pas se nourrir éternellement d'aliments sains, il n'absorbe pas des poisons et des narcotiques ; ce n'est pas, en effet, parce qu'il croit que l'âme n'est pas éternelle, qu'il voudra vivre sans pensée et sans raison.

Toutefois, il est clair que le bonheur et la vertu de l'homme raisonnable ne se suffisent pas à eux-mêmes. Si les passions n'emportent pas nécessairement toute une vie d'homme, c'est qu'il y a autre chose que les passions ; si la connaissance des événements peut n'être presque rien dans les pensées d'un homme, c'est qu'il y a autre chose que le corps ; et si une déduction correcte, est possible, c'est qu'il y a autre chose que la déduction. Il faut bien que chacune des propositions vraies que l'on démontre soit vraie avant qu'on la démontre soit vraie éternellement en elle-même, et non pas par les raisons qui la font apparaître comme vraie. Si tout est vrai par autre chose, rien n'est vrai. Le vrai ne peut qu'être immédiatement donné. Et lorsqu'on a compris par un long enchaînement de raisons que telle proposition est vraie, il reste encore à réfléchir sur cette idée vraie donnée, et à se demander pourquoi elle peut l'être. Cette idée de l'idée vraie, c'est la connaissance du troisième genre, ou connaissance Réflexive. De même que la connaissance du premier genre est l'occasion pour nous de former des idées adéquates comme le cercle et la sphère, et de raisonner là-dessus, de même ces raisonnements sont pour nous l'occasion de réfléchir sur l'idée vraie et de comprendre comment, avant d'être vraie par une autre idée, elle est vraie en elle-même.

Aussi bien la plupart des esprits naturellement portés à la réflexion se sont-ils aperçus souvent qu'après que l'on avait enchaîné les uns aux autres, par des raisonnements corrects, un certain nombre de théorèmes, on ne comprenait pas pour cela tout ce qui pouvait y être compris. Celui qui ne comprend que les raisonnements reste à la surface et il s'y promène. Comprendre vraiment ce n'est pas seulement suivre, c'est pénétrer ; c'est comprendre chaque vérité, non seulement comme conséquence d'une autre vérité, mais encore comme vérité ; ce n'est pas se laisser conduire les yeux fermés par une méthode éprouvée et infaillible, c'est apercevoir le vrai à chaque moment et dans chaque partie du raisonnement. Aussi voit-on souvent que, dans les sciences mathématiques, certains hommes peuvent s'avancer fort loin à la suite des autres, et même faire quelques découvertes, sans pourtant faire autre chose qu'appliquer machinalement des méthodes, et en demeurant tout à fait incapables de voir à chaque instant où ils en sont. Il y a donc, au-dessus de la connaissance déductive, une connaissance intuitive. En d'autres termes, chaque fois que j'ai une idée vraie, je puis toujours me demander non pas comment j'y suis arrivé, c'est-à-dire ce que j'ai dû penser avant de penser cette idée, mais comment je puis l'avoir, c'est-à-dire ce que je dois penser en ce moment pour pouvoir penser cette idée. Et la condition première à la fois et intérieure de toute vérité, c'est Dieu en qui est tout ce qui est, et par l'idée de qui tout ce qui est vrai est vrai. Il faut donc qu'il y ait, impliquée dans toute vérité, la connaissance immédiate et intuitive de Dieu. Et, même si l'on considère une suite de propositions déduites correctement de la définition de Dieu, tant que l'on comprendra seulement comment l'une d'elles résulte d'une autre, on ne sera point parvenu à la connaissance du troisième genre ; et une telle suite de propositions, elle aussi, ne doit être pour nous que l'occasion de chercher comment chacune d'elles est vraie en elle-même. Ce n'est pas seulement dans la définition de Dieu qu'il faut voir Dieu, mais dans toutes les autres propositions.

L'âme humaine a une connaissance adéquate de l'essence éternelle et infinie de Dieu. En effet, elle a des idées d'après lesquelles elle perçoit des choses particulières comme existant en acte ; mais chaque chose particulière existant en Dieu et par Dieu, en tant qu'il est considéré sous un certain attribut, l'idée de cette chose enferme nécessairement le concept de cet attribut. Cette connaissance de la nature de Dieu, étant réellement commune à toutes les idées de toutes choses, est comprise aussi dans l'idée de notre corps, c'est-à-dire dans notre âme.. Pour parler autrement, dans notre connaissance doivent être comprises les conditions sans lesquelles notre connaissance ne serait pas possible ; il doit être possible de rendre compte de ce fait que nous pensons ;

car en fait nous pensons ; et, puisque notre pensée est réelle, elle contient réellement en elle les conditions qui la font possible ; or rien ne peut être conçu sans Dieu ; par le fait même que nous avons des idées, nous pensons donc implicitement l'idée de Dieu dans chacune d'elles.

Mais il n'est point de modification du corps dont nous ne puissions former quelque concept clair et distinct, puisque nous avons la connaissance adéquate de ce qui est réellement commun à toutes les modifications du corps, comme est par exemple l'étendue. Et, comme le sentiment n'est que l'idée d'une modification du corps, tout sentiment doit enfermer quelque idée adéquate. Il suit de là que nous pouvons toujours rapporter une émotion à l'idée de Dieu, condition de toute connaissance adéquate ; et, en tant que l'âme a une telle connaissance et qu'elle en a conscience, elle se réjouit, puisqu'elle contemple sa propre puissance d'agir. L'homme peut donc faire que chacun de ses sentiments lui soit une occasion de se réjouir en même temps qu'il pense à l'idée de Dieu, et cette joie accompagnée de l'idée de Dieu est le véritable amour de Dieu. Cet amour ne peut manquer d'occuper l'âme bien plus que tout autre sentiment, puisque toutes les modifications du corps peuvent être l'occasion de l'éprouver. Il ne peut se changer en haine, puisque, en tant que nous contemplons Dieu, nous agissons, et que, par suite, il ne peut exister de tristesse accompagnée de l'idée de Dieu. Cet amour ne peut être souillé par la jalousie ; au contraire, plus nous aimons Dieu, et plus nous désirons que les autres l'aiment aussi. Aucune passion ne peut donc être contraire à cet amour de Dieu. Il dure tant que dure notre corps, c'est-à-dire tant que les événements qui nous modifient nous donnent l'occasion de penser aux essences éternelles et à l'idée de Dieu qui les comprend toutes.

Mais notre connaissance de Dieu et notre amour de Dieu ne sont pas nécessairement liés à l'existence de notre corps. Il y a en Dieu une idée qui exprime en éternité l'essence de tel ou tel corps humain. Par suite, puisque l'âme humaine est l'idée de tel ou tel corps humain, l'âme humaine est en Dieu en éternité. L'âme humaine ne peut donc pas être détruite absolument avec le corps ; lorsque le corps est détruit, l'âme cesse d'exister dans la durée, mais son essence n'en est pas moins éternelle en Dieu. Et, sans doute, nous ne pouvons pas nous souvenir que nous avons existé avant notre corps, puisque aucun vestige de cette existence ne peut être donné dans notre corps, et que l'éternité ne peut avoir aucune relation à aucun temps, ni par suite au passé. Et pourtant nous sentons que nous sommes éternels ; car notre âme ne sent pas moins les choses qu'elle conçoit par la Raison que celles qu'elle garde dans sa mémoire ; et les démonstrations sont les yeux par lesquels l'âme voit ces choses. C'est pourquoi nous sentons que notre âme, en tant qu'elle enferme en éternité l'essence de son corps, en tant qu'elle est la vérité de son corps, est éternelle,

éternelle comme toute essence, éternelle comme toute vérité ; car le vrai n'a pas commencé, et ne peut finir, et ne peut durer : il est.

Or, c'est par la connaissance du troisième genre que nous savons que nous sommes en Dieu et que nous sommes éternels. Tant que nous connaissons par la raison toutes choses comme éternelles, nous connaissons Dieu comme hors de nous ; et c'est pourquoi il nous semble que, si les choses connues sont éternelles, du moins la connaissance que nous avons de ces choses a commencé et finira. Mais lorsque nous réfléchissons sur l'idée vraie donnée, et que nous cherchons, non plus comment elle est vraie par les autres et avec les autres en Dieu, mais comment elle est vraie en nous, alors nous voyons clairement que ce n'est pas par une autre pensée que la pensée divine que nous pouvons penser le vrai. Par la réflexion, nous savons que Dieu est en nous, ou plutôt que nous sommes en lui, et que notre pensée est sa pensée. C'est pourquoi la connaissance du troisième genre produit en nous une joie accompagnée de l'idée de Dieu comme cause. Et cet amour de Dieu, qui résulte de la connaissance du troisième genre, est éternel ; car l'âme ne conçoit pas que la connaissance qu'elle a de son union avec Dieu puisse jamais cesser d'être vraie. Cet amour de Dieu n'est donc pas lié à la durée de notre corps ; c'est pourquoi nous l'appelons amour intellectuel de Dieu. Et nous appelons béatitude la joie qui constitue cet amour-là. On voit que notre salut et notre béatitude sont dans cet amour éternel de Dieu. Quand nous avons compris que l'essence de notre âme consiste dans la seule connaissance, dont Dieu est le principe et le soutien, alors nous voyons clairement comment notre âme dépend continuellement de Dieu. Et l'on voit bien ici combien la connaissance intuitive des choses particulières ou connaissance du troisième genre est supérieure à la connaissance universelle, c'est-à-dire à la Raison. Car nous avons démontré antérieurement que tout, et par conséquent notre âme aussi, dépend de Dieu selon l'existence et selon l'essence ; mais cette démonstration universelle, si solide qu'elle soit, ne nous touche pourtant pas autant que lorsque nous comprenons par réflexion et directement qu'une chose particulière, comme notre âme, dépend de Dieu et est en Dieu.

Il est arrivé à presque tous ceux qui ont essayé de comprendre quelque démonstration de se rendre clairement compte de toutes les raisons extérieures sur lesquelles l'auteur l'appuyait, sans pourtant voir clairement la vérité de la chose démontrée : ils ne pouvaient s'empêcher de l'admettre, mais ils l'admettaient de mauvais gré et comme malgré eux. Mais il leur est arrivé aussi quelquefois, après qu'ils ont médité sur la chose même, et qu'ils ont essayé tous les chemins qui y conduisent, que tout d'un coup ils soient comme touchés par une lumière, et saisissent enfin réellement et immédiatement ce que jusqu'alors ils ne pouvaient que démontrer. Ils parvenaient, à ce moment-là, à la connaissance du troisième genre ; ils apercevaient clairement cette idée comme constituant éternellement une pensée parfaite ; et ils apercevaient aussi que leur âme n'avait pu jusque-là être une âme, que leur pensée n'avait pu jusque-là être une pensée, que par cette idée-là et par d'autres ; ils reconnaissaient dans l'idée un élément essentiel de leur nature pensante. Jusque-là ils savaient ; car être une pensée c'est savoir ; maintenant ils savaient enfin qu'ils savaient. Ils avaient non seulement l'idée, mais aussi l'idée de l'idée. Et l'on voit par là que l'on passe naturellement de la connaissance du deuxième genre à la connaissance du troisième genre. Mais l'on voit aussi que, de la connaissance du premier genre, on ne peut attendre rien de pareil ; car, par la connaissance du premier genre, nous n'affirmons rien autre chose que l'existence d'un objet dans la durée ; et celui qui affirme qu'une chose existe sait, à ce moment-là, tout ce qu'il peut savoir là-dessus ; et il n'y a pas deux manières de constater l'existence de quelque chose : on constate ou on ne constate pas : aucune vérité, aucun progrès dans la vérité ne peut résulter de ce que l'on considère qu'une chose existe.

Ce qui arrive par hasard à ceux qui usent de leur Raison, et sans qu'ils s'en rendent clairement compte, celui qui réfléchit sur l'idée vraie donnée le fait pour chaque vérité particulière ; et à chaque fois qu'il le fait, il découvre en lui une partie d'une âme éternelle. Avec des vérités particulières ainsi directement saisies, il se fait réellement une âme, son âme ; il prend conscience de sa vraie nature et de l'identité de sa vraie nature avec la nature absolue de la pensée, avec Dieu.

Ainsi l'âme, en tant qu'elle connaît les choses comme éternelles, soit par le raisonnement, soit par l'intuition, est elle-même éternelle. Donc, plus nous connaissons de choses comme éternelles, plus grande est la partie de notre être que nous sauvons des passions et de la mort. Sans doute, nous ne pouvons pas détruire entièrement nos passions ; mais nous pouvons du moins faire que la plus grande partie de notre être soit en dehors d'elles et au-dessus d'elles ; nous pouvons faire que ce qui de nous périt avec notre corps soit tout à fait négligeable en comparaison de ce qui, de notre pensée, demeure éternellement. C'est en ce sens que l'amour de Dieu nous sauve de la mort.

Mais il ne faut pas entendre par là que notre salut et notre joie soient la récompense de notre lutte contre nos passions et du mépris que nous faisons de notre corps. Ceux qui croient que l'homme peut mépriser et négliger son corps oublient que l'âme est d'autant plus apte à acquérir la connaissance de Dieu que le corps est lui-même apte à plus de choses, et que celui qui a comme l'enfant un corps apte à fort peu d'actions et dépendant autant que possible des causes extérieures, a aussi une âme qui a à peine conscience de Dieu, d'elle-même et des choses. De plus, ceux qui croient que l'âme peut supprimer ses passions oublient que les affections du corps, dont les passions sont les idées, dépendent des corps extérieurs et de tout l'univers. En réalité, notre vertu n'est point à lutter contre nos passions, mais à développer, à propos de nos passions, et au-dessus d'elles, la vie rationnelle et la vie divine, et c'est seulement lorsque, par la réflexion, nous aurons mis la plus grande partie de notre vie à l'abri des passions et de la mort, que nous pourrons dire que nous avons triomphé de nos passions. Ce n'est donc pas parce que nous triomphons de nos passions que nous avons la béatitude ; c'est, au contraire, parce que nous avons la béatitude que nous pouvons triompher de nos passions. Ne regardons jamais notre misère ni notre esclavage ; regardons de l'autre côté, vers le vrai et vers la joie ; vivons d'abord dans le vrai le plus que nous pourrons, fondons en nous la joie incorruptible, et par cela même nous serons affranchis de nos passions. « La béatitude n'est pas la récompense de la vertu, mais la vertu même. »

Conclusion

À examiner l'âme humaine et à la bien définir, on trouvera que l'erreur n'est rien et que le méchant n'est qu'esclave. Il faut donc se résigner à la nécessité de Dieu qui consiste en l'inertie des corpuscules. D'où l'on revient, par une fuite en soi-même, à l'Esprit du Fils, qui est tout de grâce. Et enfin à l'esprit tout seul qui est fantaisie et frivolité. À chacun de fêter sa Pentecôte, qui consiste à jouir du bonheur de penser, et à pardonner à Dieu. C'est là l'idée la plus cachée et la plus pacifiante. Repousser de soi le Pascal qui ne cesse *d'importuner Dieu*.

Et soyez heureux.

Alain.

Le 5 décembre 1946.

Table analytique
DES MATIÈRES ET DES RÉFÉRENCES

N. B. Nous renvoyons aux divisions indiquées par l'auteur même, pour *l'Éthique,* le *Traité Politique,* le *Traité Théologico-Politique;* les *Lettres* sont désignées par leur numéro d'ordre dans l'édition originale et c'est celui qui leur est conservé dans la plupart des éditions. Le *Traité de la Réforme de l'entendement* n'a pas de divisions naturelles ; l'auteur est allé à la ligne soixante-douze fois; nous supposons cet ouvrage divisé en soixante-douze alinéas.

LA VIE ET LES ŒUVRES DE SPINOZA

Que sa vie fut d'un sage. *Tr. Th.-p.,* Préf. *Épist.,* 54
Qu'il fut accusé d'athéisme. *Épist.,* 47, 49
Les œuvres de Spinoza

LA PHILOSOPHIE DE SPINOZA

INTRODUCTION

Que les hommes sont méchants et malheureux. *Éth., III, P. 32,* Sch. ; IV, P. 37, Sch. 1

Tr. de la R., 3; Tr. Th.-p., Préf.

Que la superstition ajoute encore à leur malheur. *Éth.,* IV, P. 63, Sch.; Append., ch. XXXI

Que le remède est dans la révélation intérieure. *Éth.,* IV, P. 68, Sch. ; *Tr. Th.-p.,* ch. I, IV, XV

1. LA MÉTHODE RÉFLEXIVE

Que la vérité n'est pas un caractère extrinsèque de l'idée. *Éth., II,* Déf. 4 ; *Tr. de la R.,* 38 ; *Épist., 27*

De la connaissance par ouï-dire et par expérience (1ᵉʳ genre). *Tr. de la R.,* 11, 12, 15, 22, 23

Distinction entre l'existence et l'essence. *Tr. de la R.,* 38, 48, 50, 67, 69 *; Tr. Pol.,* II, 2

Que les idées abstraites sont tout à fait confuses. *Éth.,* II, P. 40, Sch. 1 ; *Tr. de la R.,* 31, 47, 56

De la connaissance déductive ou Raison (2ᵉ genre). *Tr. de la R.,* 15, 24; *Épist.,* 42.

Différence entre la fiction et l'idée vraie. *Tr. de la R.,* 33, 34, 36, 37

Ce que c'est que connaître les choses comme éternelles. *Éth.,* II, P. 44; *Tr. de la R.,* 57, 67

Que la déduction ne se suffit pas à elle-même. *Épist.,* 45

Que la déduction suppose la connaissance intuitive (3ᵉ genre). *Éth.,* II, P. 40, Sch. 2 ; *Tr. de la R.,* 15, 25

Que le vrai est nécessairement comme immédiatement. *Éth.*, II, P. 43, Sch.; *Tr. de la R.*, 26

Ce qu'est la méthode réflexive. *Tr. de la R.*, 26, 60

Qu'il faut partir de l'idée de Dieu. *Tr. de la R.*, 38

II. DE DIEU ET DE L'ÂME

Idée de Dieu. *Éth.*, I, Déf. 3 et 6; *Tr. de la R.*, 39, 51 et sqq. ; *Épist.*, 29

Existence de Dieu. *Éth.*, 1, P. 7, 11 ; *Épist.*, 29 *Tr. de la R.*, 53

Qu'il n'y a qu'un Dieu. *Éth.*, I, P. 5, 12, 13, 14 *Épist.*, 39

L'éternité de Dieu. *Éth.*, I, P. 19, 20; *Épist.*, 29

Dieu cause de tout. *Éth.*, I, P. 16, 18

Des attributs de Dieu et notamment de l'étendue et de la pensée. *Éth.*, I, Déf. 4, P. 9; II, P. 1, 2; *Épist.*, 66

Des modes. *Éth.*, I, Déf. 5

Que l'idée d'une chose a pour cause Dieu en deux sens. *Éth.*, II, P. 3, 8, 9

De l'âme humaine, comment elle est unie au corps. *Éth.*, II, P. 11; III, P. 2, Sch.

Que l'âme perçoit ce qui se passe dans le corps. *Éth.*, II, P. 12

De l'imagination. *Éth.*, II, P. 16, 17; *Tr. de la R.*, 41

De la mémoire. *Éth.*, II, P. 18, Sch.

Que la connaissance du premier genre est nécessairement inadéquate. *Éth.*, II, P. 25, 26, 28, 30, 31

Des fausses idées générales. *Éth.*, II, P. 40, Sch. 1 ; *Tr. de la R.*, 31, 47, 56

De la contingence et de l'idée de temps. *Éth,*, 11, P. 44, Sch.

Que la connaissance du deuxième genre ou Raison est nécessairement vraie. *Éth.,* II, P. 37, 38, 39, 40, 41

Qu'il n'y a rien de positif dans l'erreur. *Éth.,* II, P. 33, 35

Que la volonté n'est pas distincte de l'entendement, ni le jugement, de l'idée. *Éth.,* II, P. 49

Qu'il n'y a point de volonté libre. *Éth.,* II, P. 48,49, Sch. ; III, P. *2,* Sch.

Où l'homme doit chercher la vérité et le bonheur. *Éth.,* IV, P. 1, Sch. ; V, P. 20, Sch.

III. DES SENTIMENTS ET DES PASSIONS

Que nos passions résultent de notre limitation. *Éth.,* III, Préf. ; IV, P. 2,3

Ce que c'est qu'agir et pâtir. *Éth.,* III, Déf. 1, 2, P. 1 ; *Tr. de la R.,* 68

Ce que c'est qu'action et passion. *Éth.,* III, P. 3 ; IV, Append., ch. II

Que les passions résultent des idées inadéquates. *Éth.,* III, P. 1, 3

Toute chose s'efforce de persévérer dans l'être. *Éth.,* II I, P. 4, 6

En quel sens il y a dans l'âme la volonté et le désir. *Éth.,* III, P. 7, 9, 39, Sch. Déf. des S[ts], 1

De la Joie et de la Tristesse. *Éth., III, P. 11,* Sch., Déf. gén. des S[ts]. Expl.

De l'Amour et de la Haine. *Éth.,* III, P. 12, 13, Sch.

Effets de l'association des idées sur les sentiments. *Éth.,* III, P. 14, 15, 16, 17, 36, 46, 50.

De l'Espérance et de la Crainte. *Éth.,* III, P. 18

Des sentiments qui résultent en nous de la tristesse et de la joie d'autrui. *Éth.,* III, P. 19, 20, 21, 22, 23, 24, 25, 26

De l'influence de l'imitation sur les sentiments. *Éth.,* III, P. 27, 29, 30, 31

De l'envie et de la jalousie. *Éth.,* III, P. 32, 33, 34, 35

Des sentiments qui résultent en nous de l'amour et de la haine qu'éprouvent les autres. *Éth.*, III, P. 40, 41, 42, 43, 44, 45

Que l'homme hait plus un autre homme que n'importe quoi. *Éth.*, III, P. 32, Sch. ; P. 38, 48, 49; IV, Append., ch. X.

Que les sentiments sont tous différents. *Éth.*, III, P. 51, 56, 57 ; *Tr. Pol.*, 1, 4

IV. DE L'ESCLAVAGE DE L'HOMME

Comment les hommes sont amenés à vivre en société. *Éth.*, IV, P. 35, Sch. ; P. 37, Sch. 2; *Tr. Th.-p.*, ch. V, XVI; *Tr. p.*, II, 13, 15 ; V, 2

Comment une passion est contenue par une passion contraire. *Éth.*, IV, P. 71

Ce qu'on appelle alors bien et mal. Éth., IV, P. 37, Sch. 2; Append., ch. XVI, XXXI

À quel point de vue sont alors distingués des vices et des vertus. *Éth.*, IV, P. 37, Sch. 2

Que la tristesse est nécessairement mauvaise. *Éth.*, IV, P. 41, 45, Sch.

Que la haine est nécessairement mauvaise. *Éth.*, IV, P. 45, Sch.

Que la pitié est une fausse vertu. *Éth.*, IV, P. 50

Que le repentir est une fausse vertu. *Éth.*, IV, P. 54

Que l'humilité est une fausse vertu. *Eth.*, IV, P. 53, 55, 56; Append., ch. XXII, XXIII

Que la crainte de l'opinion est une fausse vertu. *Éth.*, IV, P. 48, 49

Que la crainte de la mort n'est pas conforme à la raison. Éth., IV, P. 47, 67

Que le bien véritable ne résulte pas de ce qu'on évite le mal. *Éth.*, IV, P. 63 ; Append., ch. XXV

Que la seule pensée du mal est mauvaise. *Éth.*, IV, P. 8, 64, 68; Append., ch. XXV

Que les hommes ne peuvent être sauvés que par l'idée de Dieu. *Éth.*, IV, P. 68, Sch.

V. DE LA RAISON

Qu'aucune liberté véritable ne peut résulter de la connaissance du premier genre. *Éth.,* IV, P. I, Sch.

Qu'il est inutile de s'insurger contre les passions. *Éth.,* IV, P. 1, 2, 3, 4, 15 ; V, préf.

Que ceux qui paraissent se sacrifier sont en réalité esclaves. *Éth.,* IV, P. 20, Sch. P 25

Que ceux qui se tuent sont esclaves. *Éth.,* IV P. 20, Sch.

Que l'individu ne peut désirer un bien extérieur à lui. *Éth.,* IV, P. 21, 22, 25 ; *Tr. Pol.,* 11, 3

Que le désir de persévérer dans l'être est le seul fondement de la vertu. *Éth.,* IV; Déf. 8, P. 20; *Tr. Pol.,* II, 3, 4

Que la Joie est bonne. *Éth.,* IV; P. 41, 45, Sch. ; Append., ch. XXXI

Distinction du plaisir et de la gaieté. *Éth.,* IV, P. 42, 44, Sch.; 45, 60 ; Append., ch. XXX

Ce que C'est qu'agir réellement; que c'est comprendre. Éth., IV, P. 23, 24, 26, 27; *Tr. Pol.,* II, 11

Que la Raison est une source de joie. *Éth.,* III, P. 53, 58, 59

Que la Raison est le vrai bien,. *Éth.,* IV, P. 26, 27, 61

Que c'est par l'idée de Dieu que la connaissance du deuxième genre ou Raison est possible. *Éth.,* IV, P. 28; Append., ch. IV

En quoi l'homme raisonnable diffère de l'homme passionné. *Éth.,* IV, P. 59, 62, 66, 69;V, P. 7

En quel sens la Raison nous donne de la puissance contre nos passions. *Éth.,* IV, P. 4, Cor. ; P. 59 -, V, P. 3, 4 , Sch., 5, 20 Schol.

Que rien n'est plus utile à l'homme raisonnable que l'homme raisonnable. *Éth,,* IV, P. 29, 30, 31, 35, 71 ; Append., ch. IX.

Que la Raison est source de concorde et non de haine. *Éth.,* IV, P. 36, 37

Que l'homme raisonnable répond à la haine par l'amour. *Éth.,* IV, P. 46

Que l'homme raisonnable ne peut être perfide. *Éth.,* IV, P. 72.

Qu'en obéissant aux lois, il reste libre. *Éth.,* IV, P. 73 ; *Tr. Pol.,* III, 7 ; IV, 4

VI. DE LA LIBERTÉ ET DE LA BÉATITUDE

Que c'est Dieu qui sauve l'homme raisonnable. *Éth.,* II, P. 40; IV, P. 28; Append., ch. IV

Mais que l'homme raisonnable peut vivre néanmoins selon la vertu, en ignorant Dieu. *Éth.,* V, P. 41.

Que pourtant il y a une connaissance supérieure à la Raison, qui est la connaissance du troisième genre. *Éth.,* II, P. 40, Sch. 2 ; V, P. 25, 28 ; *Tr. de la R.,* 15, 25, 26

Que cette connaissance est supposée par la déduction. *Éth.,* II, P. 40, Sch. 2; P. 43, Sch. ; V, P. 36, Sch.

Que l'âme humaine peut connaître Dieu. *Éth.,* II, P. 45, 46, 47; V, P. 14, 24, 30; *Tr. Th.-p.,* ch. IV

Que cette connaissance est aussi amour de Dieu. *Éth.,* V, P. 15, 27, 32.

Que cet amour intellectuel de Dieu est éternel. *Éth.,* V, P. 18, 19, 20, 33, 34, 37

Différence entre la Raison et la Connaissance du troisième genre. *Éth.,* V, P. 33, 36, Sch.

Que l'on ne peut passer à la connaissance du troisième genre que de la connaissance du deuxième genre. *Éth.,* V, P. 28.

Éternité de l'âme en Dieu. *Éth.,* V, P. 22, 23, 29, 31

Que la béatitude n'est pas la récompense de la vertu, mais la vertu même. *Éth.,* IV, P. 38, 39 ; V, P. 38, 39, 42.

MÉMENTO BIBLIOGRAPHIQUE

SPINOZA. *Œuvres,* Paulus, Iéna, 1803.

SPINOZA. *Œuvres,* par Gfrœrer, dans le *Corpus Philosophorum,* t. III, Stuttgart, 1830.

SPINOZA. *Œuvres.* Éd. Bruder, Leipzig (Tauchniz), 1843.

SPINOZA. *Œuvres.* Trad. française, Saisset, Paris, 1843.

SPINOZA, *Œuvres complètes,* traduites et annotées par J. G. Prat, Paris, Hachette.

SPINOZA. *Œuvres complètes,* Van Vloten et Land, 2 vol. in-8°, La Haye, 1882.

SPINOZA. *Œuvres complètes,* Van Vloten et Land, 3 vol. in-12, La Haye, 1895.

WACHTER. Le Spinozisme dans le Judaïsme, Amsterdam, 1699. - Elucidarius Cabalisticus. Rome, 1706.

Recueil des réfutations de Spinoza, Bruxelles, 1831.

JACOBI. *La Doctrine de Spinoza,* etc., Breslau, 1785.

HEYDENRIECH. La Nature et Dieu selon Spinoza, Leipzig, 1789.

ROSENKRANZ. *De Spinozæ philosophia,* Halle, 1828

H. MARTIN. B. Spinozæ doctrinarum systemata Paris, 1836.

SIGWART. *Le Spinozisme.* Étude historique et philosophique. Tubingen, 1839.

A. SAINTES. Histoire de la vie et des ouvrages de Spinoza. Paris, 1844.

DANZEL. *Le Spinozisme de Gœthe,* Hambourg, 1850.

HERDER. *Dialogues sur le système de Spinoza,* Stuttgart et Tübingen, 1853.

FOUCHER DE CAREIL. Animadversiones, ou réfutation inédite de Spinoza, par Leibniz, 1854. - Observations de Leibniz sur le livre de Maimonides « Doctor perplezorum », 1861. -Leibniz, Descartes et Spinoza, Paris, Lagrange, 1862.

VAN DER LINDEN. *Spinoza, sa doctrine,* etc., Gottingen, 1862.

JOEL. Le Traité Théologico-Politique et ses sources, Breslau, 1862. - La Genèse de la doctrine de Spinoza, Breslau, 1871.

NOURRISSON. Spinoza et le naturalisme contemporain, Paris, 1866.

AVENARIIUS. Les deux premières phases du panthéisme de Spinoza, Leipzig, 1868.

P. SCHMIDT. *Spinoza et Schleiermacher,* Berlin, 1868.

VOLKELT. Le Panthéisme et l'Individualisme dans le système de Spinoza, Leipzig, 1872.

CAMERER. La Doctrine de Spinoza, 1877.

F. POLLOCK. Spinoza, sa vie et sa philosophie, Londres, 1880.

P. JANET. *Le Spinozisme en France* (Revue Philosophique, février 1882).

J. LAGNEAU. Revue Philosophique, mars 1882. - Revue de Métaphysique et de Morale, mars 1898.

CAIRD. *Spinoza,* Édimbourg et Londres, 1888.

LUDWIGG STEIN. *Leibniz et Spinoza.* Berlin, 1890.

F. RAUH. Quatenus doctrina quam Spinoza de fide exposuit cum tota ejusdem philosophia cohæreat (Thèse de doct., Paris).

LÉON BRUNSCHWIGG.. *Spinoza,* Alcan, Paris (Bibliothèque de philosophie contemporaine).

V. DELBOS. Le Problème moral dans la philosophie de Spinoza et dans l'histoire du spinozisme, Paris, 1893.

H. FULLERTON. *L'immortalité selon Spinoza*, Philadelphie, 1900.

Voir aussi les œuvres de Bayle, Gœthe, Schleiermacher, Fichte, Schelling, Hegel, Jouffroy, Cousin, Renan, etc., et les Histoires de la philosophie moderne.